JÜRGEN METTE
LEBENSNOTIZEN

Jürgen Mette

Lebensnotizen

Menschen, die mich geprägt haben

francke

Über den Autor:

Jürgen Mette ist Theologe und war seit 1998 geschäftsführender Vorsitzender der Stiftung Marburger Medien. Zum 1. Februar 2013 hat er diese Position aufgrund seiner Parkinson-Erkrankung abgegeben und das Amt des stellvertretenden Vorsitzenden übernommen. Er hat einen Lehrauftrag an der Evangelischen Hochschule Tabor und engagiert sich in den Führungsgremien der Studien- und Lebensgemeinschaft Tabor, des Bibellesebunds und bei Willow Creek Deutschland; außerdem gehört er zum Hauptvorstand der Deutschen Evangelischen Allianz. Jürgen Mette ist verheiratet und Vater von drei erwachsenen Söhnen.

Bibliografische Information Der Deutschen Bibliothek
Die Deutsche Bibliothek verzeichnet diese Publikation in der
Deutschen Nationalbibliografie;
detaillierte bibliografische Daten sind im Internet
über http://dnb.ddb.de abrufbar.

ISBN 978-3-86827-354-0
Alle Rechte vorbehalten
© 2013 by Verlag der Francke-Buchhandlung GmbH
35037 Marburg an der Lahn
Umschlagbilder: © iStockphoto.com / Krystal Slagle;
privat
Umschlaggestaltung: Verlag der Francke-Buchhandlung GmbH /
Sven Gerhardt
Satz: Verlag der Francke-Buchhandlung GmbH
Printed in Czech Republic

www.francke-buch.de

Harry Wollmann,
dem scheidenden Direktor der
Studien- und Lebensgemeinschaft Tabor
und seinem Nachfolger
Matthias Frey
gewidmet.

Jürgen Mette
Vorsitzender des Stiftungsrats der Studien- und
Lebensgemeinschaft Tabor

Pfingsten 2013

Inhalt

Dafür halte man uns:
Für Diener Christi und Verwalter der Geheimnisse Gottes.

Übrigens sucht man hier an den Verwaltern,
dass einer treu befunden werde.

1. Korinther 4,1-2 (Elberfelder)

Vorwort

Schreiben ist der Versuch, sich nachträglich zu bedanken, sich in Dankbarkeit zu entschulden. Endlich das festzuhalten, was nicht verlorengehen darf, endlich denen zu danken, die uns schon vorausgegangen sind. Das rasante Lebenstempo zwingt uns, das Heute zu bewältigen und das Morgen vorausschauend zu planen. Zur Rückschau bleibt uns kaum Zeit. Wer aber nicht weiß, wo er herkommt, wer an seinem Lebensmuster mitgewebt hat, wird kaum etwas Bleibendes schaffen. Die Besinnung auf unsere Wurzeln und das Gedenken derer, die unser Leben nachhaltig geprägt haben, sind unermesslich wertvolle Ankerplätze auf unserer rastlosen Lebensreise.

Vielleicht stimmt es tatsächlich, was der französische Philosoph Jaques Derrida gesagt hat: dass man stets um Vergebung bittet, wenn man schreibt. Ich fühle eine Verantwortung gegenüber den Menschen, die mich geprägt haben. Ich möchte mich dafür einsetzen, dass ihr Lebensbeispiel nicht verschwindet. Und ich würde mich auch gern noch für manch vorlauten Beitrag entschuldigen. Die Betroffenen können es zwar nicht mehr lesen, aber wir, Leserschaft und Autor, werden durch diese Lektüre vielleicht ganz neu navigiert, ausgerichtet auf das Ziel – und hoffentlich ein wenig weiser als zuvor.

Ich habe mein gesamtes berufliches Leben inklusive Ausbildung in einem weltweit tätigen Diakonie- und Missionswerk mit Sitz in der oberhessischen Universitätsstadt Marburg zugebracht, dem Deutschen-Gemeinschafts-Diakonieverband (DGD). Auf diesen vier Standorten konnte ich gemäß meiner Gaben meine Berufung leben: Ausbildung in Marburg – Praktikum in Nürnberg – erste Stelle in Neustadt/Weinstraße – zweite Stelle in Marburg – Studium in Chicago – dritte und vierte Stelle in Marburg.

Ich habe diese Organisation mit ihren vielfältigen Berufsgruppen und Arbeitsfeldern lieben und schätzen gelernt. Darum habe ich hier einige Biografien dokumentiert, die mein Leben und meinen Dienst geprägt haben. Eigentümliche Lebensnotizen aus dem DGD – irgendwo zwischen wunderbar und wunderlich.

Die Auswahl der Biografien mag dem Leser nicht ganz stimmig vorkommen. Da fehlen doch viel wichtigere Leute aus dem Marburger Werk. Stimmt. Aber „wichtig" war kein Kriterium für die Auswahl. Ich schreibe über Menschen, die mich geprägt haben. Da fallen mir natürlich noch viele andere ein, auch außerhalb des DGD. Ich würde gern noch einige Lebensbilder schreiben, noch ist ja nicht aller Tage Abend.

So treffen wir in diesem „biografischen Biotop" Geschichten von leitenden Mitarbeitern aus dem DGD, Diakonissen aus den verschiedenen Mutterhäusern des DGD und Leuten aus der Studien- und Lebensgemeinschaft Tabor. Diese Gemeinschaft besteht seit über hundert Jahren aus über tausend Mitgliedern: Männer und Frauen, die in Tabor ihre theologische Ausbildung absolviert haben, mit ihren Ehepartnern. Diese Lebensgemeinschaft bildet ein vitales weltweites Netzwerk aus engagierten Christen, die in Diakonie und Mission, Forschung und Lehre, Seelsorge und Beratung und vor allem im pastoralen Dienst tätig sind.

Nach einer entspannt humorvollen Betrachtung der Organisation DGD mit ihren wunderbaren und wunderlichen Eigentümlichkeiten folgen sechs Lebensnotizen eines von Gott gehaltenen und geführten Lebens. Sie sind in dieser biografischen Kollektion gelandet, weil wir uns bei ihnen den Glauben an den Gott Abrahams, Isaaks und Jakobs abschauen können und weil sie sich an Jesus Christus orientiert haben. Sie zählen allesamt nicht zur Prominenz, das Internet meldet kaum Treffer zu den Namen. Und genau darum sollten wir von ihrem „Nachlass" – dem geistlichen Erbe – lernen und beschenkt werden.

Als ich vor 40 Jahren meinen zivilen Ersatzdienst im damaligen Brüderhaus Tabor in Marburg antrat, wusste ich nicht, dass „Tabor" und der dahinter stehende Deutsche Gemeinschafts-Diakonieverband (DGD) geistliche Heimat und Ort meiner Berufung und meines Berufes werden sollte. Aber ich habe es geahnt. Selbst als ich mich an anderen theologischen Seminaren bewarb und von dort Zusagen hatte, wusste ich bereits nach einigen Monaten, dass das „Brüderhaus Tabor" – heute Studien- und Lebensgemeinschaft Tabor – und damit der gesamte DGD der Ort meiner Lebensberufung sein sollte.

Es war nicht der akademische Qualitätsvergleich der diversen Ausbildungsstätten, nicht die theologische Ausrichtung, die mich nach Marburg gezogen hatte. Am Anfang standen keine überzeugenden Konzepte, keine Statuten und Bekenntnisse, keine starken Prognosen und klugen Analysen. Am Anfang standen Menschen, prägende Gestalten aus den Diakonissen-Mutterhäusern und dem damaligen Brüderhaus Tabor, die mein Leben mitgestaltet haben und mir während meines zivilen Ersatzdienstes das Gefühl gaben: Hier gehörst du hin!

Meine Eltern hatten uns von Kindesbeinen zu den großen Tagungen im Diakonissen-Mutterhaus Hebron im Marburger Stadtteil Wehrda mitgenommen. Mein Vater war Zimmermeister und selbstständiger Bauunternehmer. Ende der fünfziger Jahre hatte er einige große Aufträge auf dem Hebron-Berg übernommen. Aus einer Geschäftsbeziehung wurde eine Freundschaft, die mich später nach Marburg führen sollte. Die Begegnung mit den Diakonissen hat meine Eltern geprägt und nachhaltig beeinflusst, sodass sie uns Jungs früh mit zu dieser Segensstätte genommen haben. Hier sollten wir etwas lernen, was sich im Rückblick als stabile Lebensprägung herausgestellt hat.

Ich kann mich noch an ein großes Zelt auf dem Parkplatz am Oberweg in Wehrda erinnern, in dem die Pfingstjugendtreffen stattfanden, bis dann in den sechziger Jahren die Evangeliumshalle errichtet wurde. Dort wurde das geistliche Fundament meines Lebens gelegt.

Mein Vater hat in mir früh die Liebe zu den Büchern geweckt. Als Teenager habe ich Lebensbilder von geistlichen Persönlichkeiten gelesen, besonders die Reihe von Arno Pagel über Frauen und Männer der Erweckungsbewegung. Meine Mutter war Anfang der 50er-Jahre durch den Dienst von Arno Pagel geistlich inspiriert worden. Er war Bundespfarrer des Deutschen Verbandes für entschiedenes Christentum (EC) und kehrte hin und wieder in meinem Elternhaus ein.

Mitte der 60er-Jahre kam ich durch meine Besuche in Marburg mit den Hebron-Schwestern und den Tabor-Brüdern in Berührung. Die Männer drüben am Ortenberg jenseits der Lahn – respektvoll separiert –, die Frauen diesseits auf dem Hebron-Berg. So saßen wir bis in die Nächte in Haus Sonneck und diskutierten über die Frage, wie man in den damals sprichwörtlichen 68er-Jahren seinen Glauben überzeugend leben kann. Wolfgang Baake war dabei – heute Geschäftsführer des christlichen Medienverbundes KEP und Beauftragter der Deutschen Evangelischen Allianz am Sitz des Deutschen Bundestages und der Bundesregierung –, Helmut Wöllenstein – heute Propst vom Sprengel Marburg-Frankenberg –, und viele andere.

So lernte ich die theologischen Mitarbeiter von Hebron kennen: Kurt Zdunek, Günter Heßler und Willi Neureder, allesamt Absolventen des Brüderhauses Tabor. Wir erlebten tiefgehende Predigten von Theo Schnepel – dem Vorsteher des Mutterhauses –, Heinz-Jochen Schmidt und vielen anderen. Mehr als die starken Predigten inspirierte mich der Lebensstil der Hebron-Diakonissen, die einfach für uns junge Wilden da waren: Schwester Marie Jürgenmeyer, Schwester Hildegard Irle, Schwester Ellen Eckstein, die später unsere Tabor-Hausmutter wurde, und viele andere Diakonissen. Sie alle gaben mir das Gefühl von geistlicher Heimat.

Eine Hebron-Schwester erzählte mir Jahre später, dass sie treu um meine Berufung in den geistlichen Dienst gebetet habe. Sie hatte wohl damals Talente in mir erkannt und mich fortan „ins Gebet genommen". So wurden Hebron und Tabor, westlich und östlich der Lahn, zum Startplatz meiner Lebenspilgerreise. Der Zivildienst im Brüderhaus Tabor sollte ein Testlauf sein, ob ich in dieses Werk passen würde.

Ich dokumentiere diese Geschichten aus dem „Marburger Werk", weil ich einen kleinen Beitrag gegen das Vergessen leisten möchte. Vergiss nicht, was diese Frauen und Männer dir Gutes getan haben! Ich erzähle Geschichten so, wie ich die einzelnen Gestalten erlebt habe. Und weil mich ihr Lebenszeugnis geprägt hat, fehlt mir die kritische und objektive Distanz. Es gäbe sicher auch aus jeder Biografie weniger Vorzügliches zu berichten. Darum erheben die einzelnen Beiträge keinen wissenschaftlichen Anspruch, darum verzichte ich auch auf Quellenverweise. Ich zitiere nicht, ich erzähle. Das ist in einer Zeit des generellen Plagiatsverdachtes ein komfortables literarisches Genre. Hinschauen, lernen, aufschreiben. Natürlich waren viel mehr Menschen für mich beispielhaft, aber ich beginne die nach vorn und hinten offene Sammlung von Biografien mit denen, die schon das himmlische Finale erreicht haben. Wer sich gründlich mit der theologischen Entwicklung „unseres Werkes" beschäftigen möchte, mit den für unser Werk typischen „Linien", der sei an die Dissertation von Dr. Frank Lüdke, Professor für Kirchengeschichte an der EH Tabor, verwiesen: „Diakonische Evangelisation – Die Anfänge des DGD 1899-1933, Stuttgart 2003.

Ein Lesebuch gegen das Vergessen. 40 Jahre Erfahrungen mit prägenden Persönlichkeiten, die mein Leben mit ihrer Handschrift signiert haben. Ich schreibe aus Dankbarkeit!

Jürgen Mette
März 2013

1.

Zwischen wunderlich und wunderbar

Für das Startkapitel braucht die geschätzte Leserschaft Humor. Meine Erfahrungen in diesem und mit diesem Marburger Werk sind mit „wunderlich" und „wunderbar" treffend beschrieben. Wer sich am Wunderlichen erfreuen kann, wird am Ende mit Wunderbarem belohnt. Wer nichts zu lachen hat und nicht lachen will, soll hier aussteigen und bei Kapitel 2 weiterlesen, aber auch dort schreibe ich augenzwinkernd weiter.

Mein erster Zugang zu Tabor und zum DGD erfolgte nicht über die Theologie, sondern über das Handwerk. Im Brüderhaus war man froh, einen gelernten Handwerker, nämlich einen Zimmermann auf dem Campus zu haben. Ein wahrhaft neutestamentlicher Beruf. So war ich mit dem Werkzeugkoffer unterwegs, im Seminar, in diversen Dienstwohnungen der Dozenten, im Kindergarten, im Altenheim und auf dem Gutshof in Cyriaxweimar. Bevor ich Andachten hörte, bin ich Menschen begegnet, die mich beeindruckt haben. Einer davon war Heinrich Seuring, „Hausbruder" genannt, nicht Hausmeister. Er war mein Chef und er wurde mein Vorbild. Er lebte die „Linien unseres Werkes" auf solch eine bescheidene und gewinnende Weise, dass ich auch dazugehören wollte.

In einem der Säle, in denen ich handwerklich zu tun hatte, befand sich die Fotogalerie der sogenannten Hauseltern aller DGD-Mutterhäuser und die von Tabor und oben drüber die sogenannten Werkeltern. Und der ganze große christliche Mischkonzern „Deutscher Gemeinschafts-Diakonieverband" wurde „Werk" genannt. „Unser Werk!", so wurde mit gesundem Produktstolz die Institution verkürzelt, in der Gemeinschaftsverbände, Mutterhäuser, Lebensgemeinschaften, Kliniken, Verlage, Missionswerke und Bildungseinrichtungen zusammengefasst waren.

Der oberste aller Oberen war der Werkvater. Nicht Werksvater, wie manche Außenseiter sagten, sondern Werkvater! Kein „s" in der Mitte. An seiner Seite die Generaloberin – „Werkmutter" genannt.

Auch das hatte ich schnell verstanden, dass die ganze Führungsriege sich nicht „Vorstand", sondern „Hauselterntagung" nennt, wenn sie zweimal im Jahr zusammenkommen. Und dass das nichts mit einem Treffen der Hauseltern der Freizeitheime zu tun hat, war auch mir bald klar. Denn Hauseltern gab es in meiner Wahrnehmung nur in Jugendherbergen.

Wenn die regional rotierende Hauselterntagung in einem Mutterhaus oder in Tabor tagte, dann wurde großer Aufwand betrieben. Zuweilen wurde eigens dafür reserviertes Gestühl vom Speicher geholt und das exklusive Tafelsilber gedeckt. Die Oberinnen von etwas kürzerer Statur bekamen an ihren Stammplätzen am Konferenztisch gepolsterte Fußschemel bereitgestellt. Ein liebevolles Detail der Wertschätzung, das mir haften geblieben ist.

Die Köpfe der behaubten und unbehaubten Führungskräfte hatte ich mir öfters an dieser Bildcollage betrachtet und eingeprägt. Ich war gespannt, sie kennenzulernen. Die sahen alle einigermaßen streng aus, einige gütig und milde, fast alle weißhaarig und im letzten Lebensquartal befindlich, außer meinem nordhessischen Landsmann Helmut Fröhlich. Der sah auffällig jung aus und machte seinem Namen alle Ehre. Einen der Namen auf der Collage musste ich mühsam buchstabieren, dem widme ich auch eine Geschichte.

Das ist ein interessantes Führungsmodell, dachte ich mir mit meinen 20 Jahren. Ein Paar an die Spitze einer Organisation zu setzen, das sich „Vater" und „Mutter" nennt, aber natürlich nicht miteinander verheiratet ist, und sich von den „Kindern", die sie zu leiten haben – den Diakonissen und Taborbrüdern – mit „Bruder" und „Schwester" anreden lässt. Geschwister und zugleich Eltern. Solch ein familiäres Personalkonstrukt gab es nur in „unserem Werk". Die Gründerin der Communität in Selbitz zum Beispiel wurde „Frau Mutter" genannt. Kommunitäre Lebensformen entwickeln ganz eigene und zuweilen eigentümliche Protokolle und die dazu gehörige Sprachkultur, die dem externen Betrachter „vatikanisch" vorkommt. Das alles war ziemlich fremd für mich, irgendwo zwischen kurios und heilig. Aber bekanntlich hat jede Regel eine Ausnahme, aber das hatte mir keiner erklärt. Ich war nur noch nicht ganz heimisch in den „Linien unseres Werkes".

So saß ich einmal beim Telefondienst in der Tabor-Pforte, einem mit Gardinen behangenen Glaskasten, als ein gepflegter Volvo der Oberklasse vorfuhr. Eine kantige schwere Karosse, wie sie damals vorzugsweise vom Öko-bewegten Bildungsbürgertum gefahren wurde; oder auch vom Staatsratsvorsitzenden auf dem Weg zwischen dem Palast der Republik und dem Landsitz in Wandlitz. Indessen war Georg Wehrheim, der Tabor-Direktor, in einem grünen Opel Rekord unterwegs. Ohne Chauffeur. Das gab mir damals bereits Aufschluss über die finanziellen Verhältnisse im „Werk". Tabor war nie in der Verlegenheit der monetären Rücklagenbildung, aber wenn es eng wurde, stand die Werk-Familie verlässlich zusammen. In den 25 Jahren meiner Zugehörigkeit zum Aufsichtsgremium

Tabors haben wir uns oft bei den Mutterhäusern bedankt, die immer mal wieder dafür gesorgt haben, dass das minderbemittelte Brüderhaus liquide geblieben ist. Eine ganz typische „Linie unseres Werkes": verlässliche Solidargemeinschaft in guten und schweren Tagen, auch wenn es ums Geld geht. In manch frommen Kreise hört die Freundschaft beim Geld auf, im DGD fängt sie dann erst richtig an.

Am Steuer des schwedischen Gefährtes saß ein korrekt gekleideter Chauffeur, der den himmlischen Namen „Bruder Cherubin" trug. Die Liedstrophe von Gerhard Tersteegens „Gott ist gegenwärtig" war sofort da: „Dem die Cherubinen Tag und Nacht gebücket dienen!" Ich konnte mir nie etwas darunter vorstellen. Jetzt wusste ich es. Hatten sie diesen Engel aufgrund seines außergewöhnlich himmlischen Namens ans Steuer der Dienstlimousine berufen, oder hat man ihm diesen Namen sogar als Titel verliehen? Einen „Cherub" für das Papa-Mobil des „Werkvaters", das hätte doch einen Hauch von Rom gehabt. Vielleicht hieß ja die Chauffeurin der Werkmutter Sophie Küspert „Schwester Seraphim". Nein, sie hieß Schwester Lieselotte, wie ich später erfuhr. Die liebte mich besonders, weil ich ihren Vater im Tabor-Altenheim immer gut versorgt hatte.

Aber Bruder Cherubin war nur nebenbei Cheffahrer. Er war als ein in Tabor theologisch ausgebildeter Prediger der persönliche Referent des Werkdirektors. Ein feiner Mann, der mit Stil und Würde hinter dem Werkvater stand. Man hört ja zuweilen den saloppen Spruch „Bei 180 km/h steigen die Engel aus!" In diesem Direktionswagen konnte der Werkvater bei jedem Tempo sicher sein, dass der „Engel" während der Fahrt nie aussteigen würde.

Der „Cherubin" öffnete also die Beifahrertür und heraus stieg Emanuel Scholz, der Werkvater. Eine aufrechte und Ehrfurcht gebietende Gestalt, ein Mann Gottes mit Autorität. Er ging am Stock, denn er war seit einem schweren Verkehrsunfall gehbehindert. Er gehörte zu denen auf der Ahnengalerie im Tabor-Wohnzimmer, die nicht so ganz streng aussahen. Diese würdevolle Erscheinung kam also in die Pforte.

Der Hausbruder Seuring hatte mir den hohen Besuch angekündigt. Ich stand stramm – untypisch für einen Kriegsdienstverweigerer – und begrüßte den Generaldirektor, „Werkvater" genannt, mit „Guten Morgen, Bruder Scholz".

Das war gut gemeint, aber schlecht gemacht. Ich wusste nichts von der Ausnahme im Regelwerk, dass zwar alle Schwestern und Brüder sind und sich auch so anreden lassen. Genau das fand ich ja so charmant, weil das ja die Anrede des Neuen Testaments war und dass das etwas von urgemeindlichem Sozialismus hatte. Und wenn ein „Bruder" zum „Hausvater" berufen wurde, dann hatte das etwas vom römischen „annuntio vobis gaudium magnum: habemus Papam". Geheimnisvoll, verschwiegen und auf beeindruckende Weise heilig. Der Gründer des Werkes, Pfarrer Theophil Krawielitzki, wurde von seinem Biografen Hans Bruns „Ein Vater" der Diakonissen genannt. In den sprichwörtlichen 68er-Jahren war ich aus Prinzip skeptisch gegenüber hierarchischen Strukturen. Das passte in meiner Weltsicht zur Monarchie, aber doch nicht zur Kirche und schon gar nicht in dieses pietistische Missionswerk.

Direktor Scholz ließ sich nichts anmerken, aber dieser sympathische Chauffeur und persönliche Referent des Direktors – der mit dem himmlischen Namen – schaute mich mit einer Mischung aus Entsetzen und Belustigung an, und Bruder Krebs, dem ich auch ein Kapitel dieses Buches widme, schaute verlegen hinunter. Als der Werkvater im Büro von Bruder Wehrheim, dem Tabor-Hausvater, verschwunden war und Bruder Cherubin zum Aktenstudium im Sessel des Foyers Platz genommen hatte, erklärte mir Bruder Krebs die Ausnahme von der Regel. Mein „Bruder Scholz" war eine peinliche Protokollpanne, die als Respektlosigkeit gewertet werden musste. Aber mir hatte keiner das Protokoll erklärt.

Und so lautete die Anrederegel in „diesem unserem" Werk: Trägt ein Bruder in Christus einen Pfarrer-Titel, fällt der Brudertitel in der persönlichen Anrede konsequent wieder weg. Das muss man erst mal kapieren. Ich habe eine Weile gebraucht, um diese unerfindliche Logik zu verstehen. Und wenn ich mich mal wieder versprochen hatte, dann wurde mir das freundlich, aber deutlich „gesteckt". So ging es mir auch, als ich zum Beispiel die Gattin eines Pfarrers nicht mit „Frau Pfarrer" angesprochen hatte, obwohl sie selbst keine Theologin war und auch keiner auf die Idee gekommen wäre, die Frau vom Betriebsleiter mit „Frau Ingenieur" anzusprechen. Das war damals einfach so, auch in anderen frommen Lagern, aber im DGD wurde diese Titelei besonders gepflegt. Andere leitende Brüder im Werk, die nicht zur Taborbruderschaft gehörten, wurden auch nicht mit „Bruder" angesprochen. So nannte man den vielgefragten Bibellehrer, Dozenten und Pädagogen Dieter Knöppler tatsächlich „Lehrer Knöppler". Nicht Herr, nicht Bruder, nicht Dieter, sondern „Lehrerknöppler" – Beruf und Name zu einem Titel verschmolzen. Und einer der Dozenten wurde mit „Studienrat Gölz" angesprochen. Der ist also kein Bruder, dachte ich mir. Schade, wo er doch so klug und so nett war.

Der Werkdirektor musste also mit „Herr Pfarrer" angesprochen werden, ausdrücklich ohne seinen Nachnamen. Wenn man *von* ihm sprach, hieß es „Pfarrer Scholz", wenn man *mit* ihm sprach, hieß es „Herr Pfarrer".

Das musste ich als Novize erst mal verstehen. Mir hatte keiner Anleitung gegeben. Akademische Titel wurden übrigens vernachlässigt, ob nun einer Doktor oder Magister der Theologie war, alles wurde in der Anredeformel „Herr Pfarrer" untergebracht. Ich dachte zunächst, dass die Pfarrer nicht mit

Bruder angesprochen werden, weil sie möglicherweise nicht „gläubig im Sinne unserer Werklinien" sind, vielleicht gar noch unbekehrt, bis ich erleichtert merkte, dass die Herren Pfarrer sich untereinander mit „Bruder" ansprachen. Das war beruhigend zu wissen.

Das jeweilige Führungspaar eines Mutterhauses, also die „Eltern", siezten sich untereinander, wobei der Mann die Frau mit „Schwester" ansprach, die Frau den Mann aber nicht mit „Bruder". Auch seltsam.

Auf jeden Fall war mir die Differenzierung der Führungskräfte in „Herrn Pfarrer" und „Bruder XY" nicht ganz geheuer. Ich war nach diesem Anrede-Desaster so unsicher, dass ich sicherheitshalber jeden fromm dreinblickenden Mann im Anzug mit „Herr Pfarrer" angesprochen habe. Einmal war es der promovierte Justitiar des DGD, den ich mit „Herr Pfarrer" begrüßt habe. Diesen gewissenhaften Rechtsgelehrten hat man eher selten lachen gesehen, aber in diesem Augenblick deuteten seine Gesichtsmuskeln so etwas wie kontrollierten Enthusiasmus im Frühstadium an. Dann war es Heinz Neureder, der Chef der DGD-Krankenhaus-GmbH, den ich verunsichert mit „Guten Morgen, Herr Pfarrer!" begrüßt hatte. Er sei „nur Bruder" belehrte er mich mit einem vielsagenden Lächeln. Viele Jahre später saßen wir zusammen im Tabor-Rat und amüsierten uns im Gedenken an diese Protokollpanne. Damals dachte ich mir, dass diese fromme Sprachverwirrung auf himmlische

Erlösung harrt. Kurze Zeit später war ich schon Insider, ich kannte den genetischen Code der Werkfamilie und wusste mich protokollkonform zu benehmen. Wer das verstanden hatte, gehörte dazu.

Unvergessen bleibt mir mein Antrittsbesuch bei der Werkmutter, Generaloberin Schwester Sophie Küspert, in der DGD-Hauptstelle in der Marburger Stresemannstraße. Ich wurde 1983 als Referent für Jugendevangelisation nach Marburg berufen. Im Vorzimmer von Sekretärin Schwester Lieselotte Scholz wurde ich geradezu höfisch empfangen, mit Tee und erlesenem Gebäck leiblich gestärkt, bis ich dann in das barock eingerichtete große Büro von Schwester Sophie geführt wurde. Welch eine milde, warmherzige und emphatische Persönlichkeit. Sie erkundigte sich ausführlich nach meiner Frau – der „lieben Gattin" – und unseren drei Söhnen, den „lieben Kleinen". Sie fragte interessiert nach meinem Büro im Haus der Marburger Blätter-Mission, gerade um die Ecke in der Friedrich-Naumann-Straße. Schwester Sophie legte mir „die Jugend" ans Herz, sie wünschte mir „Vollmacht" und „viel Frucht zur evangelistischen Verkündigung" und „dass der Herr viele Berufungen von jungen Leuten in die Mutterhäuser und ins Brüderhaus schenken möge!"

Ich wusste, dass diese feine Persönlichkeit meinen Dienst treu im Gebet tragen würde. Schwester Sophie hatte etwas sehr Vornehmes, darum war sie auch von emsigen Diakonissen umgeben, die mir wunderschöne Geschenke an meine Frau und unsere Kinder überreichten. Da gab es irgendwo ein sorgfältig gepflegtes Schokoladen-Depot, das ja auch von den Haltbarkeitsdaten der hochkalorischen Verführung her eine logistische Herausforderung war. Auch das entsprach „den Linien unseres Werkes!" Man wurde immer reich beschenkt. In jeder Hinsicht.

Ich werde nie vergessen, wie ich im Diakonissen-Mutterhaus Bleibergquelle mit Emanuel Scholz zusammen Hauptreferent einer Konferenz war. Ich war ziemlich unsicher neben diesem begnadeten Prediger und fragte „Herrn Pfarrer", ob er mich segnen könne. Er willigte sofort ein, legte mir die Hände auf und segnete mich zum Dienst. Im Segensgebet sprach er mich mit „Du" an, klar. Mit der Trinität sind wir ja auch per Du. Danach bot er mir das „Du" an. Von dieser feinen Begegnung an hatte ich immer direkten Zugang zu ihm. Wir haben bis zum Ende seines gesegneten Lebens eine ganz feine Bruderschaft gepflegt. Er war ein Beter mit echtem Interesse an meinem Ergehen. Als unser jüngster Sohn kurz nach der Geburt an einer schweren Atemwegserkrankung litt, versprach mir „Bruder Scholz", täglich für den kleinen Josua zu beten. Er hat es auch getan.

Als Jugendreferent des DGD hatte ich öfters in der DGD-Hauptstelle in der Marburger Südstadt zu tun. Eines Tages musste ich zu einer Redaktionskonferenz. Ich – der „junge

Bruder" – unter gestandenen Pfarrern reiferer Jahrgänge: Johannes Hamann, Arno Pagel, Leonhard Roth, Manfred Huy und „Studienrat Bormuth". Wir hatten tüchtig getagt, die alten Herren hatten mir bald das „Du" angeboten, was ich gern angenommen habe. So sagte ich gänzlich unbekümmert zu Pfarrer Pagel „Arno", was die anderen Brüder eigentümlich reagieren ließ. Was hatte ich falsch gemacht? Ich wusste nicht, dass es eine Zwischenstufe zwischen „Sie, Herr Pfarrer" und „Du, Arno" gab, nämlich das DGD-typische „Du, Bruder Pagel". Das wurde mir dann auch gleich vermittelt. Ich muss ziemlich rote Ohren gehabt haben. Zu dem von mir hochgeschätzten Dozenten der Systematischen Theologie sage ich bis heute gern und respektvoll „Du, Bruder Bormuth". Das sind eben auch die „Linien unseres Werkes": feine Nuancen einer gestaffelten Wertschätzung.

Einmal fand ich als Referent bei der Osterkonferenz in der Hensoltshöher Zionshalle in Gunzenhausen ein riesiges Schokoladenosterei in meinem Quartier vor. „Für Ihre Buben" hieß es. Als wir zu Hause die goldfarbige Verpackung entfernten, kam nicht nur Schokolade, sondern auch ein Hundertmarkschein zum Vorschein. Auf Nachfrage erfuhr ich, dass dies nicht als mein Honorar gedacht war. Das kam extra. Offenbar hatten die Schwestern die voluminöse Süßigkeit selbst geschenkt bekommen und in der Wareneingangskontrolle des Schoko-Depots war die monetäre Beigabe nicht aufgefallen. Ich durfte den Schein behalten und habe diesen dann an Tabor weitergeleitet, was der damalige Verwaltungsleiter Friedrich Hofmann sehr zu schätzen wusste.

Irgendwann einmal musste ich mit der Bahn nach Hamburg. Der Zug war schrecklich überfüllt, sodass ich mich in die 1. Klasse begab. Dort saß schon eine leitende Schwester aus der DGD-Hauptstelle, die einen Termin in Hannover hatte. Um uns herum saßen beschäftigte Manager mit beachtlichen Pilotenkoffern. Wir beiden „Fremdkörper" in diesem Abteil unterhielten uns im wahrsten Sinne des Wortes „unverschämt" über unser Werk und über geistliche Anliegen. Wir hatten ja nichts zu verbergen. Als die Diakonisse in Hannover ausstieg, rief sie mir beim Verlassen des Abteils zu: „Viel Vollmacht, lieber Bruder Mette." Da gingen die Blicke der Geschäftsreisenden irritiert hoch und starrten mich an. Die dachten, die weißbehaubte Ordensfrau hätte mir soeben Generalvollmacht erteilt.

So weit zu den eigentümlich liebenswerten Linien unseres Werkes. Zu den geistlich wertvollen Linien führt die Sammlung der nun folgenden Lebensbilder.

2.

Johannes Krebs

Tabor sei ziemlich streng, meinten einige Freunde, als ich mich 1972 entschieden hatte, meinen Zivildienst im Brüderhaus in Marburg abzuleisten. Der Pastor meiner Heimatgemeinde war „Taborbruder", so nannte man die Absolventen des Theologischen Seminars, und der war nicht streng. Damals munkelten meine Freunde, dass es bei mir nicht beim Zivildienst bleiben und ich am Ende auch noch „Taborbruder" werden würde, gerade so, als müsste man sich Sorgen um mich machen.

So fuhr ich am 1. August 1972 mit meinem Renault 4 – der damals kultigen Studentenkutsche – in Tabor vor. In der Pforte stand er, der kleine weißhaarige Mann im hellen Sommeranzug und leichtem Hut, unter dem die sorgfältig gestutzte Frisur hervorschaute. Er strahlte mich an und mühte sich sichtlich, seinen behinderten Arm zu heben und mir seine Hand entgegenzustrecken. Mein erster Eindruck von „Bruder Krebs", wie sie ihn alle nannten, auch die Zivildienstler: ein kleiner, gütiger Herr mit einem orthopädisch auffälligen Arm und einem einladend fröhlichen Gesicht.

Zeitlebens war er die leibhaftige Visitenkarte des Brüderhauses Tabor, damals schon im Ruhestand, aber immer geschäftig auf dem Hof und in der Rezeption zugange. Mein erster Eindruck von Tabor: Wenn das streng sein soll, dann kann es nicht so schlimm werden.

Dieser unscheinbare Mann in seiner Demut und Bescheidenheit, in seiner körperlichen Begrenzung, war der Inbegriff eines Diakons. Vom sogenannten „Pfortenbruder" erfuhr ich, dass Bruder Krebs der emeritierte Inspektor des Brüderhauses sei, wie man im DGD die Verwaltungsleiter nannte.

Als mich Bruder Krebs dann nach meiner Herkunft fragte, war mir klar, dass dieser Mann kein Kanzelprofi war. Er war Täter des Wortes, kein Redner. Er hatte den eigentümlichen Tick, jeden Satz mit einem ganz typischen Räuspern zu beginnen, eine Mischung aus Hüsteln und Husten. Mehr Ausdruck einer Verlegenheit als gesundheitsbedingte Notwendigkeit. Nach diesem, von den Brüdern oft spaßeshalber imitierten kehligem Intro kam dann keine geschliffene und flüssige Rede, sondern eher ein Stammeln in einem dezenten fränkischen Dialekt. Der gütige kleine Mann hatte nicht nur einen steifen Arm, er war zudem auch kein Redner. Und das in einem Predigerseminar.

Und doch hat mir dieser offizielle Vertreter Tabors, dem ich 1972 zuerst begegnet bin, sofort das Herz abgewonnen. Liebe, Güte, Hilfsbereitschaft und eine tiefe Herzensfrömmigkeit, das war unser Bruder Krebs. Wenn er um die Ecke war, nannten ihn die Brüder nur „Johnny", aber immer respektvoll, nie herablassend. Auch im Ruhestand war er täglich munter auf den Beinen. Er pendelte zwischen den Verwaltungsbüros, der Pforte, dem Altenheim, der Buchhandlung und der Bibliothek. Er sortierte die eingehende Post, organisierte die Stadtfahrten und packte ständig Bücher- und Hilfspakete für die Brüder in der DDR.

Wenn Johannes Krebs auch kein Sprachkünstler war, so war er doch sehr belesen. Bücher und Kleinschriften, das war sein Leben. Wenn man ihn suchte, dann war die Buchhandlung oder die Bibliothek der Ort, wo man ihn endlich finden konnte. Ich sehe ihn noch vor mir, wie er mit glänzenden Augen 1978 durch die Regalreihen der Bibliothek des neuen Seminargebäudes schritt. Er war Leser und Kolporteur, Bücher waren für ihn vor allem Werkzeuge zur Verbreitung des Evangeliums. Der wirtschaftliche Erfolg der Buchhandlung am Ortenberg war ihm ein wichtiges Anliegen. Sein theologisches Urteilsvermögen hat er bei Hermann-Friedrich Kohlbrügge gelernt. Gerhard Tersteegen und Otto Stockmayer waren seine Lieblingsautoren, die hatte ihm der Werkgründer Theophil Krawielitzki nahe gebracht. Bruder Krebs war kein Theologe, er war Diakon, aber immer in der Bibel zu Hause, vorzugsweise in der Übersetzung von Pfäfflin.

So zitierte er in seinen seltenen Andachten und den Jubiläumszeugnissen immer wieder Gerhard Tersteegen. Das war deshalb so authentisch, weil er genau diese mystische Frömmigkeit in schlichter Demut und stetiger Einsatzbereitschaft lebte:

Durch Klein- und Kleinerwerden
führt Jesus seine Herde
die Sternenbahn hinauf.
Arm, bloß und immer blößer,
doch Jesus immer größer:
Das ist der Gotteskinder Lauf.

Bruder Krebs wurde am 23.07.1898 in Heugrumbach in Unterfranken geboren. Seine Vita und seine Personalakte im Tabor-Archiv sind ausgesprochen dünn. Der Lebenslauf des Büchermanns hat Traktatformat. Er besuchte die Volksschule, lernte das Schneiderhandwerk und wurde mit 19 Jahren zum Militär nach Würzburg einberufen. Dort bekam er durch die Lektüre einer Verteilschrift den Anstoß zum lebendigen Glauben.

Mit 21 Jahren trat er am 15.04.1919 ins Brüderhaus ein, das sich damals noch auf dem Hebronberg neben dem jungen Diakonissen-Mutterhaus in Wehrda befand. Er wurde natürlich in der Nähstube eingesetzt, denn die Diakonen-Schüler brauchten Schürzen. Blau-weiß gestreifte knietiefe rückenfreie Kittel, keine Talare. So sollten die Brüder ihre Berufung leben: geschürzt, die Lenden umgürtet, einsatzbereit, dicht bei den Menschen, nicht halb entrückt auf hohen Kanzeln. Text und Textil, auf diesen kurzen Nenner kann man seine völlig unspektakulär verlaufene Vita bringen.

Johannes Krebs gehörte also zur ersten Dekade der über 100-jährigen Taborgeschichte. Wir jungen Seminaristen hingen an seinen Lippen, wenn er mit brüchiger Stimme, aber leuchtenden Augen vom Bau des Brüderhauses am Ortenberg 1924/1925 erzählte, von der mühseligen Quälerei beim Ausschachten und beim Brechen der Sandsteine im eigens freigelegten Steinbruch an der Schäferbuche, aber auch von der geistlichen Erweckung, die unter den Brüdern aufgebrochen war.

1933 machte Johannes Krebs den Führerschein. Ich erinnere mich gut, dass er in den 70er-Jahren mit einem grauen VW-Käfer unterwegs war und wir zuweilen Zweifel an seiner Fahrtüchtigkeit hegten. Wenn er zur Inspektion der Ställe, Scheunen und Felder auf den Gutshof fuhr, waren wir immer froh, wenn er heil wieder zurückgekehrt war. Mitte der 70er-Jahre übernahm Bruder Kürschner das Steuer, ein Diakon im Ruhestand, der Bruder Krebs durch Feld und Flur und zu den Botengängen in die Stadt kutschierte.

Bruder Krebs war in jungen Jahren leidenschaftlicher Motorradfahrer. Unvergessen bleibt die Episode, die wir in der großen Theateraufführung anlässlich des 100. Taborjubiläums zum Besten gegeben haben. Der junge Verwaltungsinspektor testet sein neues Motorrad, es geht ab wie eine Rakete. Johnny findet die Bremse nicht und fährt durchs offene Scheunentor und landet sanft in einem Haufen Stroh.

1943 legte er die Prüfung zum Buchhändler ab. Er blieb sein ganzes Dienstleben in Tabor, verwaltete das Hofgut Fortbach im Ebsdorfergrund und später unsere Landwirtschaft in Cyriaxweimar. Ihm und seiner überaus warmherzigen Gattin – sie war Sekretärin im Brüderhaus – waren in der 39 Jahre langen Ehe keine leiblichen Kinder geschenkt, aber sie hatten in den Brüdern viele geistliche Kinder, die sie treu in der Fürbitte begleitet haben.

Ehepaar Krebs zeichnete ein ganz goldiges Detail aus: Sie gingen immer händchenhaltend vom Waldhaus, ihrer kleinen Villa am Ende des „Gefälles", zum Brüderhaus, immer wie frisch Verliebte. Als seine Frau 1981 nach kurzer Krankheit hochbetagt starb, zog Bruder Krebs bald in unser Altenheim, in eine Senioren-WG mit dem Ex-China-Missionar Eugen Willhauck. Unsere sonnige Tabor-Hausmutter Schwester Ellen Eckstein hatte es den beiden betagten und geliebten Emeriti dort schön gemacht. Einige junge studierende Brüder schauten fast täglich nach den beiden Hochbetagten. Auch im Altenheim blieb er seiner Lebensberufung treu: Liebhaben und Mut machen im Namen Jesu.

Ob Mythos oder Wirklichkeit, es wird auch berichtet, Bruder Krebs habe eine neue Klasse gefragt, wer von den Novizen Klavier spielen könne. Da traten ein paar Burschen nach vorn, die dann von Bruder Krebs den Auftrag bekamen, ein Klavier von einem Haus ins andere zu tragen. So wird es erzählt, obwohl solch eine Art von Humor eigentlich nicht zu ihm passte. Aber Jürgen Homberger hat mir kurz vor Redaktionsschluss dieser Kollektion diese Geschichte bestätigt. Er war Pianist und wurde von Bruder Krebs zum Klaviertransport abkommandiert.

Aber das war typisch für unseren verehrten Senior: Er hat nie die alten Zeiten idealisiert, mit jedem jungen Bruder ist er auf der Höhe der Zeit gewesen. Wenn wir mit der legendären Taborband christliche Rockmusik gespielt haben, dann freute er sich mit uns und war zufrieden, wenn die Jugendtreffen gut besucht waren. Wir ahnten, dass wir seinen Ohren einiges abverlangt haben.

1986 habe ich Johannes Krebs für das DGD-Magazin „Blickpunkte" interviewt. Auf meine Frage, was er von der heutigen Jugend halten würde, antwortete er: „Die heutige Jugend ist wieder hoffnungsvoller, aber sie brauchen Vorbilder und sie müssen zielorientiert leben." Auf die Frage, was er den Taborbrüdern der kommenden Generation wünsche, sagte er. „Treue, geistliche Disziplin und Korrekturfähigkeit." Am Ende meines Interviews meinte er: „So, nun hast du genug gefragt, wir können Schluss machen!" Jesus sollte Gesprächsthema sein, nicht er, der kleine Mann im Hintergrund von 70 Jahren Taborgeschichte.

Ich habe dieses kleine Lebensbild verfasst, damit das Lebenszeugnis jenes stillen Mannes nicht in Vergessenheit gerät.

Tabor hat viele talentierte Theologen, Missionare und Pastoren hervorgebracht, aber Generationen von jungen Männern sind zuerst dem kleinen stammelnden Mann in der Pforte begegnet. Und der erste Eindruck ist ja oft entscheidend.

Heute sind wir akademisch wettbewerbsfähig, wir sind eine staatlich anerkannte evangelische Hochschule. Und wir bilden seit 20 Jahren auch Frauen aus. Auf die Idee hätten wir auch schon früher kommen können, aber die Zeit musste erst reif werden. Und das legendäre Bräutejahr ist neuen integrativen Netzwerken und Mentorings und Coachings gewichen. Die Wege wäre Bruder Krebs alle mitgegangen, weil er selbst zwar geschichtsbewusst, aber eben nicht geschichtsverliebt war. Wenn alle akademische Arbeit im Dienst der Evangelisation und Diakonie bleibt, wenn Forschung und Lehre Gottesdienst bleiben, dann ist und bleibt Tabor im Kontext seiner ganz speziellen Prägung. Auch wenn die „BewerberInnen" und „Ersties" heute nicht mehr „Bruder Krebs" in der Rezeption in die Arme laufen, sondern virtuell im Netz auf Uwe Schmidt treffen, aber mit ihm die gleiche Erfahrung machen wie ich damals vor 40 Jahren, dann ist und bleibt unser Tabor auf einem guten Weg.

Wir danken Gott für Johannes Krebs, den einzigen Mann in der Geschichte Tabors, der 70 Jahre auf Tabors Höhen prägend gewirkt hat. Er hat uns im Jahr 1988, an seinem 90. Geburtstag, diesen Text von Tersteegen zitiert:

O, Jesu, daß dein Name bliebe
im Grunde tief gedrücket ein!
Möcht deine treue Jesusliebe
in Herz und Sinn gepräget sein!
Im Wort, im Werk und allem Wesen
sei Jesus und sonst nichts zu lesen.

(Jesus unsere Freude, Gemeinschaftsliederbuch Nr. 274, Strophe 6)

3.

Theodor Wendel

Diesem Vertreter des DGD widme ich mehr Raum als den anderen. Er war mein theologischer Lehrer, unser Traupfarrer, mein Chef und mein väterlicher Freund und Berater. Diese Biografie hatte ich zu seinem 80. Geburtstag verfasst. Anlässlich der hier vorliegenden biografischen Sammlung habe ich Theo Wendels Lebenslauf noch einmal überarbeitet. Es ist ein Stück junge kurhessische Erweckungsgeschichte.

Irgendwann muss man ja anfangen, mag der kleine Theo aus der Pfarrersfamilie Wendel gedacht haben, als er sich im Garten seines Elternhauses in Röddenau im hessischen Frankenberger Land aus Latten und Brettern eine kleine Freiluftkanzel gezimmert hatte und dort die ersten Predigten improvisierte. Das Predigen sollte einmal seine Lebensberufung werden. Viele seiner Vorfahren, mütterlicher- und väterlicherseits, waren Theologen im geistlichen Dienst. Unter solch einer gesegneten Erblast konnte man nicht früh genug üben.

Er war das älteste von sieben Kindern und musste früh kräftig zupacken. Er war mit seinen Brüdern für das Brennholz zuständig. Bis zu 16 Festmeter Holz waren für den großen Haushalt zu sägen und zu spalten. Theo war immer für die astreichen und verwachsenen Stücke zuständig. Er sollte später noch manche Gelegenheiten haben, verwachsene Situationen in den Griff zu bekommen. Und wenn die Haus- und Gartenarbeit getan war, ging der kleine Wiesenprediger seiner Lieblingsbeschäftigung nach. Aus kleinen Holzstücken bastelte er mit großer Hingabe Eisenbahnzüge, mit denen er versiert zu rangieren wusste.

Aus dem verspielten Bahnhofsvorsteher wurde der Vorsteher eines großen Diakonie- und Missionswerkes. In späteren Jahren blieb ihm aus dieser kindlichen Leidenschaft ein phänomenales Speichervermögen für Eisenbahnfahrpläne. Er war die leibhaftige Kursbuchdatei, auf die die große Familie immer wieder gern zurückgriff. Diese geniale Kopfleistung verband ihn übrigens auch mit seinem Freund Theo Schnepel, kurhessischer Pfarrer und langjähriger Vorsteher des Diakonissen-Mutterhauses Hebron, dem auch diese wandelnde DB-Fahrplan-Auskunft nachgesagt wurde. Auch diese Begabung fügte sich später in die wachsende Verantwortung von Theo Wendels Leitungsaufgaben in Theologie und Diakonie.

1926 herrschte in Deutschland große Arbeitslosigkeit. Der Reichstag hatte zu Beginn des Jahres ein Arbeitsbeschaffungsprogramm beschlossen, das die Zahl von 2,4 Millionen Arbeitslosen zum Jahresende auf 1,2 Millionen erfolgreich reduziert hatte. In Berlin wurde der Funkturm errichtet und die ersten Verkehrsampeln installiert. Auf der Bahnstrecke Berlin–Hamburg wurde das Zugtelefon eingeführt und Max Schmeling wurde deutscher Meister im Halbschwergewicht. Aber diese Nachrichten waren sicher nur spärlich ins beschauliche Ehringen, dem Geburtsort von Theo Wendel, vorgedrungen.

Elternhaus

Theos Vater, Otto Wendel, stammte aus einer eher liberal geprägten Pfarrersfamilie in Eichenberg bei Göttingen. Die Eltern starben früh, sodass sich Otto Wendel allein durchschlagen musste. Nach dem Studium der Theologie in Marburg verdiente er sich seinen Lebensunterhalt als Hauslehrer am Schüler-Pensionat in Arolsen. Aus dem 1. Weltkrieg kehrte er 1916 schwer verwundet zurück und war dann bis 1919 als Hilfspfarrer in Schmalkalden/Thüringen tätig.

Von 1919 bis 1931 war Otto Wendel Pfarrer in Ehringen, einem zum Patronat des Fürsten Friedrich zu Waldeck und Bad Pyrmont gehörenden Kirchspiel. Dieses malerische Dörfchen an der Erpe wurde am 19. Juli 1852 nach einem Unwetter von einer Flutwelle heimgesucht, die fortan die Geschichte des Dorfes besonders prägen sollte. Seit über 150 Jahren gedenkt man in Ehringen dieser Katastrophe, bei der eine ganze Familie und viel Vieh ums Leben gekommen waren. Mit dem bis heute alljährlich stattfindenden Wasserfest, einer traditionsreichen Kombination aus Missionsfest und Gebetstag, danken die Bewohner für die erfahrene Bewahrung bei immer wiederkehrenden Fluten. Unter anderem gehörten die bekannten Evangelisten Johannes Busch vom CVJM-Westbund und Wolfgang Heiner vom Missionswerk Frohe Botschaft in Großalmerode zu den Gastpredigern des Wasserfestes.

Der neue junge Pfarrer in Ehringen bekam auch bald Kontakt zu Pastor Ernst Modersohn aus Bad Blankenburg, einer der prägenden Gestalten der Deutschen Evangelischen Allianz und der Gemeinschaftsbewegung. In einer Evangelisation mit General von Oven hatten Otto Wendel und auch seine Frau zur persönlichen Glaubens- und Heilsgewissheit gefunden – eine Erfahrung, die seinen Dienst nachhaltig verändern sollte. Zum großen Erstaunen der Gemeinde berichtete Otto Wendel im Gottesdienst von seiner „Bekehrung". Dieser bis heute symbolisch aufgeladene und emotional belastete Begriff war damals schon ein Unwort im Register für Kirchendeutsch.

In den folgenden Jahren erlebte Ehringen einen geistlichen Aufbruch unter jungen Leuten, die sich in Bibelkreisen versammelten und im ganzen Kirchspiel und darüber hinaus ihren Glauben bekannten. 1924 gründete Otto Wendel einen Christlichen Verein junger Männer (CVJM), aus dem später der Posaunenchor hervorging. Die Evangelisten Johannes Busch und Wilhelm Weber, Vater des bekannten CVJM-Bundeswartes Gotthold Weber, waren für Otto Wendel prägende Persönlichkeiten, die auch zu verschiedenen evangelistischen Diensten in Ehringen weilten. In dieser Zeit pflegte Otto Wendel auch Beziehungen zum „Friedenshof" in Kassel, dem geistlichen Zentrum der Landeskirchlichen Gemeinschaften in Nordhessen. Sein ältester Sohn Theo sollte später eine wichtige Rolle im CVJM und in der Gemeinschaftsbewegung spielen.

1924 heiratete Otto Wendel die Pfarrerstochter Hildegard Langenbeck aus Affoldern an der Eder. Ihr erstes Kind, Theobald, starb kurz nach der Geburt. Der Verlust des geliebten Sohnes hat das junge Paar schwer erschüttert. So erlebten Theo Wendels Eltern beides: tiefe Erschütterung des Glaubens durch den Tod des Kindes und starke Erbauung des Glaubens durch die erwecklichen Aufbrüche in der Kirchengemeinde Ehringen.

Kindheit in Ehringen und Röddenau

Theodor Wendel wurde am 25.07.1926 als ältestes Kind des Pfarrerehepaars Otto und Hildegard Wendel in Ehringen im Nordwesten Hessens geboren. Theodor wurde nach dem Tod des ersten Kindes als ein besonderes Geschenk Gottes betrachtet. Seine Kindheit fällt in die Jahre des erwecklichen Aufbruchs in Ehringen, in denen der Vater stark gefordert war, besonders die jungen Leute der Gemeinde auszubilden und zu führen. Als Theo 1931 fünf, sein Bruder Martin, der später auch Pfarrer wurde, drei und Schwester Hanna ein Jahr alt waren, zog die Familie nach Röddenau im Kreis Frankenberg, wo Otto Wendel die Pfarrstelle übernahm. Theos Brüder, Martin und Hermann, berichten, dass ihr Vater im Winter 1941 bei über 30 Grad Kälte zu Fuß nach Bottendorf im Burgwald musste, um die Konfirmanden zu unterrichten. In der schneefreien Zeit erreichte der Vater die sechs

Gemeinden seines großen Kirchspiels mit dem Fahrrad. Und das alles mit gelähmtem Arm, den Spätfolgen einer Kriegsverwundung.

Die wirtschaftlichen Möglichkeiten des Pfarrhaushaltes waren sehr begrenzt, sodass die Eltern den Kindern nicht jeden Schulausflug bezahlen konnten, aber der Vater unternahm viele Radtouren mit den Kindern, sogar bis in die damals aufstrebende Mainmetropole Frankfurt, wo Theo zum ersten Mal eine Großstadt erleben konnte.

Mit elf Jahren wurde Theo von seiner Mutter in die Praxis der persönlichen Bibellese mit Buntstiften und einem Bibelleseheft eingeführt. Unklare Stellen sollte er blau markieren, und solche, die ihm wichtig waren, sollte er rot unterstreichen. Theo berichtet in seinen Erinnerungen: *Unvergesslich ist mir meine Konfirmation geblieben, vor der meine Eltern kniend mit mir beteten.*

Durch die reisenden Evangelisten, die oft im Pfarrhaus zu Gast waren, erlebten die Kinder viele geistliche Impulse. So zupfte Wilhelm Weber aus Wuppertal den jungen Theo am Rock und fragte ihn: „Jung, isset denn schon klar?" In diesem geistlichen Klima des Aufbruchs fiel es Theo nicht schwer, sein Leben Jesus anzuvertrauen. Weber sprach ihm zu: „Wenn der Theo heute Nacht stirbt, dann kommt er in den Himmel!"

Wie bereits in Ehringen setzte sich durch Otto Wendels evangelistisches Engagement der geistliche Aufbruch fort. Theo und seine Geschwister wurden schon früh in der Kinder- und Jugendarbeit eingesetzt und erlebten die Erweckung hautnah mit. Bis zu 30 junge Leute fanden sich zu den Jugendbibelkreisen ein, in denen Theo schon bald leitende Aufgaben übernahm. Mit seinem Bruder Martin traf er sich jeden Morgen vor dem Schulweg zum gemeinsamen Bibellesen.

Besondere Höhepunkte waren für Wendels Kinder die Sommerferien bei den Tanten in Arolsen. Diese hatten Kontakt zum dortigen Fürstenhaus. Bei Wendels wurde der Hofknicks geübt, damit die Kinder beim öffentlichen Auftritt der Fürstenfamilie in Arolsen sich dem höfischen Protokoll gemäß verhalten würden.

Theo wurde 1932 in Röddenau eingeschult. 1936 kam er in eine Frankenberger Privatschule und erhielt dann im Gymnasium eine humanistische Ausbildung, die ihm ideale Voraussetzungen für das Studium der Theologie bot. Der Berufswunsch Pfarrer stand schon früh fest.

Krieg und Gefangenschaft

„Die Nullpunktsituationen in Krieg und Gefangenschaft können nicht nur eine Episode in meinem Leben gewesen sein. Ich

*habe menschliche Hilflosigkeit, Leiden, Hass und Verbitterung
so intensiv erlebt, dass ich nur ausrufen kann: Es muss neu ge-
wagt werden, in der Kraft der Versöhnung zu leben und zu lieben da, wo gehasst wird. Wo immer auch Menschen sich auf
das Evangelium einlassen, werden heilende Kräfte der Liebe
und der Versöhnung sich durchsetzen."*

So hat Theo Wendel den spannendsten Abschnitt seines
Lebens zusammengefasst. Darum sollen die bewegenden Erfahrungen zwischen 1943 und 1947 ausführlicher beleuchtet
werden. Sie sind der Schlüssel für die geistliche Entwicklung,
das Urteilsvermögen und den gesegneten und in der Reali-
tät geerdeten und bewährten Leitungs- und Lehrdienst Theo
Wendels.

1943 wurde Theo Wendel als Siebzehnjähriger noch vor
Erreichen des Abiturs mitten aus dem Schülerdasein in ein
Wehrertüchtigungslager eingezogen. Er war im Kasseler
Stadtteil Rothenditmold als Luftwaffenhelfer stationiert und
erlebte den verheerenden Luftangriff am 22.10.1943 auf die
Rüstungsmetropole Kassel mit. Er war auch bei den Aufräum-
arbeiten nach der Bombardierung der Edertalsperre in Affol-
dern, dem Heimatort seiner Mutter, eingesetzt. Er kam zum
Reichsarbeitsdienst in Frankenberg und dann schloss sich im
Februar 1944 die reguläre militärische Grundausbildung in der
Kasseler Wittichkaserne an.

Bereits Mitte März wurde er zum Kampf gegen die Partisanen ins besetzte Südfrankreich verlegt. Anfang 1945 geriet Theo Wendels Einheit in den Vogesen in schwere Kämpfe mit der von der Normandie her anrückenden amerikanischen Invasionsarmee. In seinen handschriftlichen Aufzeichnungen findet sich diese bewegende Passage: *„Da setzt ein fürchterliches Artillerie-Sperrfeuer ein. Die Amerikaner schießen das Dorf reif zum Sturm. Wir sind zu zweit in einem Garten und springen von einer Seite zur anderen. Vor mir sehe ich ein Erdloch, in das ich mich fast hineingeworfen hätte. Aber irgendwie werde ich zurückgehalten. Kurze Zeit später erhält das Erdloch einen Volltreffer. Gott sei Lob und Dank, dass er mich bewahrt hat. Aber das Artilleriefeuer geht weiter. Wir springen immer wieder auf, um den Treffern zu entkommen. Die Erde wird vor uns aufgewirbelt. Mir kommt ein Wort aus Jesaja 41,10 in den Sinn: ‚Fürchte dich nicht, denn ich bin mit dir, weiche nicht, denn ich bin dein Gott. Ich stärke dich, ich helfe dir. Ich erhalte dich durch die rechte Hand meiner Gerechtigkeit!' Ich schrie: ‚Heiland hilf!'"*

Theo Wendel geriet im Januar 1945 im Elsass in Gefangenschaft. Unter hygienisch katastrophalen Zuständen und ständig quälendem Hunger erfuhr er in einer kleinen Gruppe von Christen im Abendmahl Stärkung und Zuversicht. Er schreibt: *„Meine persönliche Bibel hat mir in dieser Zeit über viel Stumpfsinn und Langeweile hinweggeholfen. Die Bibel wurde aber auch von anderen begehrt. Ich musste sie stundenweise*

Tag und Nacht ausleihen. Als ich Soldat wurde, rümpfte man die Nase über dieses Buch. Im Arbeitsdienst verspottete man mich mit meiner Bibel. Nun, da alles in Scherben gefallen war, gewann dieses verachtete Buch wieder an Bedeutung."

Theo Wendel war dann sehr dankbar, als er auf einem französischen Bauernhof in Domevre, 700 km von seiner hessischen Heimat entfernt, als Kriegsgefangener eingesetzt wurde. Die Landwirtschaft war ihm nicht fremd, hatte er doch in Röddenau oft bei den Bauern geholfen. Aber sein Körper war von den Hungerqualen so geschwächt, dass er nur unter großer Mühe sein Arbeitspensum schaffen konnte. Er hatte „Pfarrer" als seinen Berufswunsch angegeben und wurde darum im ganzen Dorf nur „le Pasteur" genannt. In den Wintermonaten verkroch er sich oft auf dem Heuboden, um Zeit für das Gebet zu haben. Besonders in der Weihnachtszeit wurde er von großer Wehmut erfüllt, wenn er sich nach den wunderbaren Weihnachtsfeiern in seinem Elternhaus sehnte. Seine Kameraden hatten wenig Verständnis für die eigentliche Bedeutung des Festes, obwohl er den Mitgefangenen die Weihnachtsgeschichte vorlesen konnte.

Als die Kunde von Hitlers Tod und der Kapitulation in das französische Dorf kam, erinnerte sich Theo Wendel in seinen Aufzeichnungen: *„Die Kinder tanzten und sangen die französische Nationalhymne. Ich musste mit dem Knecht die Kirchenglocken läuten. Einerseits fühlte ich mich erleichtert, dass das sinnlose*

Zerstören und Sterben ein Ende gefunden hatte. Andererseits überkamen mich eine große Traurigkeit und Hoffnungslosigkeit über das Schicksal der Deutschen und die Unsicherheit, die über unserer Zukunft lag. So schämte ich mich meiner Tränen nicht. Einige Jahre zuvor sangen wir noch in einem verordneten unglaublichen Hochmut das Lied ‚Wir werden weiter marschieren, wenn alles in Scherben fällt, denn heute gehört uns Deutschland und morgen die ganze Welt!‘ Nun lag wirklich alles in Scherben, wir fühlten uns als Betrogene."

Am 13. Januar 1946 erhielt Theo Wendel endlich ein Lebenszeichen von seiner Mutter. Sie schrieb: *„War das eine Freude, als am 10.11.1945 nach einem dreiviertel Jahr langem Warten das erste Lebenszeichen von Dir kam. Du bist uns wieder neu geschenkt. Wir flehen zu Gott, dass er Dir durchhelfe und ein baldiges, gesundes Wiedersehen schenke. Ihm wollen wir die ganze Zukunft befehlen. Hast Du Deine Bibel noch?"*

Theo Wendel erwähnt, wie bedeutsam ihm der Brief seines Vaters war, den er zu seinem 20. Geburtstag erhielt. Dort hieß es: *„Gott macht keine Fehler, es muss alles zum Besten dienen, wenn wir ihm vertrauen und nicht von ihm weichen ... Mache es Dir zur Gewohnheit, jeden Tag aus Gottes Wort etwas zu lernen und betend im Herzen zu bewegen. Das ist ein Heilmittel gegen Langeweile und Stumpfsinn. Übe Dich auch im Lernen der französischen Sprache, das bildet das Gedächtnis und das Denkvermögen."*

Im Frühjahr 1947 beschäftigte sich Theo Wendel zunehmend mit der Frage seiner persönlichen Zukunft. Sollte er seine ganze Jugendzeit in Gefangenschaft verbringen? Er hörte von einem ökumenischen theologischen Seminar in Avignon. Sollte er sich dort bewerben? Zudem bot man den Gefangenen an, sich als Zivilarbeiter fünf Jahre in Frankreich zu verpflichten oder sich bei der Fremdenlegion zu verdingen, um der Gefangenschaft zu entkommen. Zwischendurch gelang es immer wieder einigen Kameraden, nach Deutschland zu flüchten. Aber was erwartete sie dort?

Theos Bruder Martin berichtete ihm in der Gefangenschaft regelmäßig über Ereignisse in Familie, Kirche und Dorf. So erfuhr er, dass manche seiner Schulkameraden inzwischen mit dem Studium begonnen hatten. Das gab weiter Auftrieb zu allerlei Fluchtgedanken. Mit einem Kameraden, der bereits einen gescheiterten Fluchtversuch hinter sich hatte und über einschlägige Erfahrungen verfügte, wurde der Plan geschmiedet. Der Start des gewagten Unternehmens wurde für den 29. Juli 1947 angesetzt. In einer kleinen Pause bei der Feldarbeit wurde die Flucht im Gebet vor Gott ausgebreitet. Abends, zurück auf dem Bauernhof, packte Theo seinen Rucksack, schrieb einen Brief an den Gutsherrn und bat um Verständnis. Er schrieb auch für den Fall an seine Eltern, dass er bei dieser Flucht umkommen sollte. Er verabschiedete sich von den Pferden, die er zwei Jahre betreut hatte.

Unter der Orientierung des Polarsterns konnten sie bei klarer Nacht aufbrechen. Tagsüber verbrachten sie die Zeit in Verstecken und in der Dunkelheit wurde die Flucht fortgesetzt. Bei der Überquerung des Rhein-Marne-Kanals, südlich von Saarbrücken, wurden sie von einem Bahnwärter entdeckt, der seinen Hund hinter ihnen herhetzte. Theo Wendel schreibt in seinen Notizen: *„Der Hund bellte unaufhörlich vor dem Strauch, in dem ich mich versteckt hatte. Jeden Moment musste ich damit rechnen, dass er zupackte, aber aus mir unerklärlichen Gründen geschah nichts. Im Nachhinein erkenne ich Gottes bewahrende Hand.“*

Nach vielen Hindernissen und lebensbedrohlichen Situationen näherten sich die beiden Flüchtlinge dem Saarland. Kurz vor der Grenze las Theo Wendel Psalm 121: „... dass dich des Tages die Sonne nicht steche noch der Mond des Nachts!“ Nach einer schweren Gewitternacht kamen sie im Morgengrauen im saarländischen Dorf Werbeln an. Die Grabkreuze des Friedhofs zeigten ihnen, dass sie auf deutschem Boden angekommen waren. Bald mussten sie aber erkennen, dass das Saarland inzwischen unter französischem Protektorat stand und viele Dorfbewohner Angst hatten, die beiden Flüchtlinge zu beherbergen. Ein freundlicher Mann besorgte ihnen aber Fahrkarten für einen Arbeiterzug, der nur flüchtig kontrolliert wurde. So gelangten sie aus dem riskanten Gebiet über Trier nach Koblenz. Dort trennten sich die Wege der beiden Flüchtlinge. Theo Wendel reiste mit einem Bus nach Diez, um in den amerikanischen Sektor zu gelangen. Die Rheinüberquerung gelang, aber nicht ohne weitere riskante Situationen. Schließlich gelangte er am 9. August 1947 über Limburg nach Marburg und von dort aus mit dem Zug nach Frankenberg.

Lassen wir den Heimkehrer selbst zu Wort kommen: *„Da liegt nun mein Heimatdorf vor mir. Ich kann es kaum fassen, dass ich nach dreieinhalb Jahren meine Heimat wiedersehen darf. ‚Pfarrersch Theo!‘, so schallt es durch das Dorf, und stürmisch werde ich von allen begrüßt. Durch das Tor ziehe ich den Pfarrhof hinauf. Das Pfarrhaus liegt totenstill in der warmen Nachmittagssonne. Blumengarten, Hof, Lindenbäume, alles ist noch unverändert. Die Haustür steht offen, ich schleiche in den Flur und spitze meine Ohren. Aus der Küche vernehme ich eine Kinderstimme sowie auch eine Männerstimme. Nun klopfe ich an. Da steht Martin vor mir, er stutzt einen Augenblick, dann liegen wir uns in den Armen. Gertrud, die Jüngste aus dem Geschwisterkreis – jetzt drei Jahre alt – fängt an zu weinen vor dem ‚fremden Onkel‘. Ich sehe sie zum ersten Mal. Es dauert Tage, bis wir uns angefreundet haben. Dann kommt Georg, der gerade krankheitshalber das Bett hütet, herbeigerannt. Alle können es nicht fassen, dass ich wieder zu Hause bin. Die Eltern sind zur Kur in Bad Pyrmont und drei der Geschwister sind unterwegs. Nach und nach spricht es sich im Dorf herum: ‚Pfarrersch Theo ist wieder da!‘ Nachbarn und Bekannte eilen herbei, um mir die Hand zu schütteln. Mein Herz ist fröhlich, ich danke meinem Gott von ganzem Herzen.“*

Die Eltern ahnten noch nichts von ihrem Glück. An seinem 59. Geburtstag erfuhr Otto Wendel telefonisch die Nachricht von der Heimkehr des ältesten Sohnes. Am 13. August feierten alle Geschwister Martins Geburtstag. Am 14. August fuhr der Heimkehrer nach Bad Pyrmont zu seinen Eltern. Der Vater holte ihn am Bahnhof ab. Seine Mutter weinte Freudentränen und schloss ihn in die Arme. Gemeinsam dankten sie Gott: In wie viel Not hat nicht der gnädige Gott über dir Flügel gebreitet. Theo Wendel umschreibt später diesen überaus spannenden Lebensabschnitt mit zwei Zitaten. Joseph konnte im Rückblick auf seine Zeit in Ägypten sagen: „Der Herr hat mich wachsen lassen im Lande des Elends." Und der amerikanische Schriftsteller Thornton Wilder überschrieb ein Drama mit dem Titel „Wir sind noch einmal davongekommen".

Studium der Theologie und Vikariat

Nach der glücklichen Heimkehr setzte Theo Wendel seine Gymnasialzeit an der Marburger Martin-Luther-Schule fort und legte 1949 das Notabitur ab. Auch in dieser Zeit ergaben sich wieder Begegnungen mit Pastor Johannes Busch, der es verstand, die jungen Leute für Jesus zu begeistern.

Theo begann 1949 das Studium an der Theologischen Hochschule in Wuppertal, wo sein Bruder Martin bereits studierte. Wuppertal lag in Trümmern. Theo wohnte mit fünf Studenten in einem Zimmer. Aber der Hunger nach geistlichem Wachstum war die treibende Kraft für das Studium in ärmlichen Verhältnissen. Die Dozenten gehörten fast ausnahmslos zur Bekennenden Kirche. Im Einführungsvortrag fragte der Alttestamentler Hans Walter Wolff die Studenten: „Wollt ihr Religionsbeamten oder Zeugen Jesu Christi sein?" Für Theo Wendel war klar, was er werden wollte. Marburg, Göttingen und Tübingen waren weitere Stationen des Studiums. Wer immer Theo Wendel als theologischen Lehrer erlebt hat, seine geschätzten Lehrer Walter Zimmerli, Otto Michel, Hans-Walter Wolff, Hans Joachim Iwand, Helmut Thielicke, Adolf Köberle und Joachim Jeremias wurden immer wieder zitiert.

Theo Wendel engagierte sich in der Studentenmission und erlebte dort geistliche Heimat. In den Zusammenkünften wurde das missionarische Bewusstsein geschärft und wach gehalten, was sonst im Klima der Wissenschaft verkümmert wäre. Prägend waren auch Einladungen nach Großalmerode, wo Pfarrer Erich Schnepel den jungen Studenten Gelegenheit bot, lebendige Gemeinde zu erleben.

In den Semesterferien arbeitete Theo auf dem Bau, um sich das Studium zu verdienen, schließlich waren mehrere Geschwister in Ausbildung. Diese Erfahrung der rauen Berufswelt sollte ihm später zugutekommen, als er im Vikariat in der Kasseler Karlskirche sehr viel Religionsunterricht an Berufsschulen zu halten hatte. Sein Vikariatsvater empfing ihn mit den Worten: „Sie werden ins Wasser geworfen und müssen schwimmen. Hoffentlich gehen Sie nicht unter."

Pfarrstelle im Ebsdorfergrund und die Frau fürs Leben

Nach dem zweiten theologischen Examen im Herbst 1956 übernahm Theo Wendel seine erste Pfarrstelle im oberhessischen Ebsdorfergrund. Dort erwartete ihn das anspruchsvolle Erbe des legendären Pfarrers Petschar, der 43 Jahre Seelsorger der stark lutherisch geprägten Gemeinden im „Grund" gewesen war. Dieses Original abzulösen, war sicher nicht der Traum der Pfarramtskandidaten. Die Entscheidung der Landeskirchenleitung fiel auf Theo Wendel. Seine Chance erkannte der junge Geistliche im Aufbau einer missionarischen Jugendarbeit, aus der später dann der CVJM Ebsdorf hervorgehen sollte. Seine Brüder berichten, dass der stürmische junge Pfarrer bald einen blauen VW-Käfer sein eigen nennen konnte. Am 05.05.1963 hat Theo Wendel, inzwischen 36 Jahre alt, Marianne, geb. Claar, geheiratet. Die älteste Tochter einer Ebsdorfer Bauernfamilie hatte also das seltene Vergnügen, ihren eigenen Konfirmator zu heiraten. Die Traupredigt hielt Onkel Friedrich Langenbeck, damals Pfarrer in Arolsen. Vater Otto Wendel war bereits 1955 in Röddenau gestorben, aber Mutter Wendel konnte das Hochzeitsfest gesund miterleben. Sie war inzwischen nach Wetter bei Marburg gezogen, wo ihr Sohn Hermann mit seiner Familie lebte. 1964 wurde Theo und Marianne Wendel Sohn Matthias geschenkt, der heute als Fernsehjournalist im ZDF-Landesstudio in Berlin tätig ist.

In der Ebsdorfer Zeit trat Karl Sundermaier vom CVJM-Westbund an Theo Wendel heran und gewann ihn für den Vorsitz des CVJM-Landesverbandes Kurhessen-Waldeck, dem er 19 Jahre ehrenamtlich vorstand. In seine Amtszeit fiel u. a. der Aufbau des CVJM-Camps in Münchhausen. Auch zur Pfarrergebetsbruderschaft pflegten die Wendels intensive Kontakte. Dies führte u. a. zum Aufbau eines Jugendtreffens im Ebsdorfergrund und zur Gründung einer Landesgruppe der Bekenntnisbewegung unter der Leitung von Pfarrer Otto Rodenberg.

Die aufblühende kirchliche Arbeit im Ebsdorfergrund wurde auch in Marburg registriert. So kam es, dass Georg Wehrheim, Direktor des Brüderhauses Tabor, Emanuel Scholz, Direktor des Deutschen Gemeinschafts-Diakonieverbandes (DGD), und die leitende Oberin, Schwester Sophie Küspert, 1968 zu Besuch ins Ebsdorfer Pfarrhaus kamen, um Theo Wendel als theologischen Lehrer für das Seminar für Innere und Äußere Mission zu gewinnen. Nach intensiven Beratungen mit seinem Freund Theo Schnepel, damals Vorsteher des zum DGD gehörenden Diakonissen-Mutterhauses Hebron in Marburg, dessen Vater Erich Schnepel und Hans Bruns, dem bekannten Bibelübersetzer und Evangelisten, der damals theologischer Mitarbeiter im DGD war, entschieden sich Theo und Marianne Wendel, die geliebte Arbeit im Ebsdorfergrund aufzugeben und 1969 nach Marburg zu ziehen.

Theologischer Lehrer und Seminardirektor

Als Theo Wendel 1969 an das Predigerseminar „Brüderhaus Tabor" berufen wurde, befand sich die theologische Ausbildungsstätte des DGD in einer Phase der Stagnation. Die Anzahl der jährlichen Studienanfänger war rückläufig, einige Absolventen und bereits im Dienst stehende Männer hatten die Bruderschaft verlassen. Nach der Wirkungszeit des weit über den DGD hinaus bekannten Theologen Dr. Erich von Eicken und des ihm folgenden, von den Brüdern überaus geschätzten Pfarrer Helmut Schulz war im Blick auf den künftigen theologischen Kurs und das Berufsbild der Absolventen eine gewisse Verunsicherung um die künftige Ausrichtung des Seminars und der Bruderschaft entstanden. Schulz stand für eine positive volkskirchliche Ausrichtung. Direktor Georg Wehrheim sah indes keine Notwendigkeit, Prediger für den kirchlichen Dienst auszubilden. Sein Lebensmotto hieß „Erweckung". Ihm lag eine gute geistliche Versorgung der Gemeinschaftsverbände am Herzen. Darum wollte er Missionare, Evangelisten, Diakone und Gemeinschaftsprediger ausbilden.

In diese schwierige Phase kam Theo Wendel als theologischer Lehrer. Georg Wehrheim bereitete seinen Ausstieg aus dem Leitungsamt vor. Mit der Berufung von Günter Hopp als Direktor des Brüderhauses im Jahr 1974 sollte die erhoffte Neuorientierung kommen. Nachdem er Theo Wendel als Seminarleiter eingesetzt hatte, konnte Hopp sich stärker um die Leitung und Prägung der Bruderschaft kümmern und als bekannter Jugendevangelist das Werk besser nach außen vertreten und Tabor in die Weite führen. Diese Aufgabenteilung war eine wichtige Voraussetzung für die Aufbruchstimmung Mitte der 70er-Jahre. Vorher gab es die Position eines Seminarleiters nicht. Die beiden Leiter ergänzten sich menschlich und theologisch hervorragend. Günter Hopp entfachte ein neues Bewusstsein für Evangelisation und Gemeindeaufbau und Theo Wendel sorgte für die Entwicklung des theologischen Profils. „Pfarrer Wendel", wie ihn die sogenannten „Klassenbrüder" damals nannten, unterrichtete Exegese, Homiletik und Dogmatik. Und weil er Kenntnis und Wertschätzung für die geistlichen Anliegen der Gemeinschaftsbewegung mitbrachte, konnte er mit seinem Dozentenkollegium auch stärker die pastoraltheologischen Themen wie Gemeindeaufbau, Evangelisation und Seelsorge in die Ausbildung einbinden.

Das Studium in Tabor sollte das vereinigen, was sonst in der theologischen Ausbildung auseinanderdriftet, nämlich die geistige und die geistliche Zurüstung. So war der Seminarleiter und Cheftheologe Tabors selbstverständlich auch als Evangelist mit den Klassen unterwegs in den Gemeinden, um Theologie und leidenschaftliche Evangelisation in der Praxis nachvollziehbar und ansteckend zu gestalten.

So schreibt Theo Wendel in seinen Notizen: *„Ein solides theologisches Wissen macht noch keine Zeugen. Zeuge wird man erst durch die Kraft des Heiligen Geistes. Aber schlechtes Wissen und mangelhaftes Erkennen können den Zeugendienst erheblich hindern."*

Direktor des Deutschen Gemeinschafts-Diakonieverbandes

Nach 13 Jahren Lehrtätigkeit am Theologischen Seminar Tabor erreichte Theo Wendel der Ruf in die Hauptstelle des DGD in der Marburger Südstadt. Er war durch eine rege Vortragstätigkeit in allen Dienstbereichen des Werkes sehr geschätzt. In der Taborbruderschaft hatte er einen starken Rückhalt. Er arbeitete zunächst als persönlicher Referent von Direktor Pfarrer Emanuel Scholz, der ihn dann zu seinem Nachfolger aufbaute. Im Herbst 1984 wurde Theo Wendel zum Direktor des DGD berufen und offiziell in das Leitungsamt eingeführt. Es sollte seine dritte Lebensaufgabe werden, das traditionsreiche und doch vitale, weitverzweigte Diakonie- und Missionswerk auf eine neue Zeit vorzubereiten. Emanuel Scholz war eine priesterliche Führungsgestalt, die eigentlich nicht ersetzt werden konnte. Unter seiner Leitung erlebte das von der ostpreußischen Erweckungsbewegung geprägte Werk erstmalig ein Ende des bis in die 50er-Jahre andauernden Wachstums. Die Eintrittszahlen in den Mutterhäusern waren rückläufig, sodass traditionelle Arbeitsfelder der Diakonie nach und nach aufgegeben werden mussten. Emanuel Scholz hat in dieser empfindlichen Phase das Werk durch überzeugende Führung, evangelistische und prophetische Verkündigung und bevollmächtigte Seelsorge geprägt und zusammengehalten. Aber es war abzusehen, dass nach seiner Leiterschaft ein neues Kapitel der Werkgeschichte aufgeschlagen würde. Die regionalen Mutterhäuser, die Taborbruderschaft, die Gemeinschaftsverbände und Missionswerke des DGD wollten stärker in die Eigenverantwortung geführt werden. Für die Entwicklung dieses Prozesses war Theo Wendel als Theologe, Prediger und Seelsorger die richtige Führungskraft zur richtigen Zeit.

Zusammen mit Generaloberin Schwester Mariane Uhlig, mit der er bereits in Tabor Verantwortung getragen hatte, gelang es ihm, das geprägte und traditionsbewusste Werk auf die gegen Ende des vergangenen Jahrhunderts erforderlich gewordenen Strukturreformen vorzubereiten. Unermüdlich war er weltweit unterwegs, um auch die Bereiche des DGD geistlich zu stärken, die den Verlust ihrer Einflusskraft mit Sorge sahen. Gleichzeitig hat er Leiter und Leiterinnen entdeckt, gefördert und gefordert, die die wachsenden Bereiche des Werkes künftig prägen und gestalten sollten. Junge Absolventen von Tabor und begabte Diakonissen aus den Mutterhäusern wurden zu weiterführenden Studiengängen im In- und Ausland gesandt, um sich für Führungsaufgaben zu qualifizieren.

Unter Theo Wendels theologisch souveräner Leitung konnten sich in den Gemeinschaftsverbänden Entwicklungen vollziehen, die dringend überfällig waren und die ein neues Gemeindewachstum in den DGD-Verbänden ermöglicht haben. Ohne Theo Wendels Unterstützung wären die Themen Gemeindegründung und Tauf- und Gemeindeverständnis der Gemeinschaften nicht erneut auf die Tagesordnung der von ihm geleiteten Theologischen Kommission gekommen.

Unter seiner Leitung entwickelte sich die Evangelistische Zentrale des DGD Anfang der 90er-Jahre zu einer Gemeindeberatungspraxis, die die wegweisenden Werktagungen für Gemeindeaufbau und Evangelisation initiierten und die Tradition der Gemeindeleitertagungen begründeten, die heute vom „Bund evangelischer Gemeinschaften" weitergeführt werden.

Theo Wendel schreibt im Rückblick auf sein 10-jähriges DGD-Direktorat:

„Ich stelle dankbar fest, dass bei aller Bruchstückhaftigkeit doch auch viel geistliches Potenzial im DGD vorhanden ist. Im DGD konnte ich das Geheimnis des Reiches Gottes entdecken. Ich denke dankbar an die Gebetszellen in den Feierabendhäusern, den Opfergeist der Schwestern und Brüder und die Be-

reitschaft zum missionarischen und diakonischen Dienst. Der Dienst forderte von mir einen enormen physischen und psychischen Kraftaufwand. Ich habe versucht, mich durch tägliches Jogging fit zu halten, frei nach dem Motto ‚Vieles ginge besser, wenn man mehr ginge!'"

Mit Hermann Bezzel konnte Theo Wendel sagen: *„Was an uns gefunden wird, die Gnade hat es getan. Was an uns vermisst wird, die Gnade wird es erstatten."*

An diese Summe seiner Lebenserfahrung habe ich am 10.06.2011 am Ende der großen Trauerfeier für Theo Wendel in der Wehrdaer Evangeliumshalle erinnert. Die letzten zehn Wochen auf dem Weg in die ewige Heimat waren steil und mühsam, aber sie begannen ganz eigentümlich und bezeichnend. Frühjahr 2011: Stromausfall im „Gefälle" am oberen Ende des Ortenberges in Marburg. Theo und Marianne Wendel verbringen diesen Abend ohne Strom und Licht bei Kerzenschein in ihrem Wohnzimmer. Elf Tage zuvor waren sie von einer Brasilienreise zurückgekehrt. Viele schöne Erlebnisse und Begegnungen dieser Reise wurden noch einmal ausgetauscht. Sie sangen Choräle und Erweckungslieder und beteten miteinander. Nach einer besonders herzlichen Umarmung gingen sie zu Bett. Dieser letzte gemeinsame Abend bleibt als Vermächtnis und als besonderes Geschenk unseres Gottes tief im Gedächtnis von Marianne Wendel.

Kurz danach schlug der Schlaganfall zu und die verbale Kommunikation war schlagartig zu Ende. Es sollte zehn lange Wochen dauern, bis Theos starkes Sportlerherz aufhörte zu schlagen. Am Ende stand der Lobpreis. Hoch angestimmt. Ein reiches langes Leben lang. Das will ich lernen, der ich selbst seit 2009 chronisch krank bin. Und das wollen wir in Tabor und im ganzen DGD nicht vergessen, ob wir nun gesund sind oder bisher nur noch nicht ausreichend untersucht wurden.

4.

Willy Scheyhing und die Hensoltshöher Schwestern „in der Füll"

Es war im Frühjahr 1978, als ich kurz vor dem Examen am Theologischen Seminar Tabor von Direktor Hopp erfuhr: „Bruder Mette, Sie kommen für drei Monate in die Füll zu Willy Scheyhing und dann ins Mutterhaus Lachen!"

„Füll" sagte mir nichts, aber die Franken in Tabor schauten mit einer Mischung aus Respekt und Ehrfurcht zu mir auf. Sie wussten, dass die „Füll" eine Art Vatikan des mittelfränkischen Pietismus war, Tochteranstalt der Hensoltshöhe, die ich bis dahin auch noch nicht kannte. „Füll" war der Straßenname in der Nürnberger Altstadt. Als ich dann ein paar Wochen später mit meinem R4 durch das imposante Hoftor in das uralte Patrizierhaus unterhalb der Burg in der Nürnberger Altstadt einfuhr, da fehlte nur noch das Rasseln der Zugbrücke. Ich fühlte mich ins Mittelalter katapultiert. Schwester Esther König, Oberin des Hauses, die ihrem royalen Namen alle Ehre machte, empfing mich auf der knarrenden und reich verzierten Holztreppe freundlich – aber auch zurückhaltend und kritisch abschätzend. „Ach, da ist unser Bruder!" So, als wollte sie sagen: „Wieder so einer von Tabor, der die Füll modernisieren will, aber den schaffen wir auch noch!" Unzählige Taborbrüder waren durch die hohe Schule der „Füll" gegangen. Als ich mein bescheidenes Zimmer zum Innenhof hin eingeräumt hatte, wurde ich zu Tisch gebeten. Es ging durch verwinkelte Gänge, dunkle Treppenhäuser mit einem eigentümlichen Geruch, den ich heute noch in der Nase habe, und durch einen hinreißend romantischen Laubengang zur Schwesternetage.

Als ich das große Esszimmer betrat, verschlug es mir die Sprache: Der Boden des Zimmers hatte zur Mitte des Gebäudes derart Gefälle, dass man Richtung Fenster eine 5-prozentige Steigung bewältigen musste, nämlich dahin, wo Schwester Esther – Oberin König – saß, ich an ihrer Seite. Die Suppe im Teller wirkte wie eine Wasserwaage, ich verglich das Gefälle täglich auf Suppenspiegelniveau und stellte beruhigt fest, dass es konstant blieb, seit Hunderten von Jahren. Am Tisch saßen sechs weiß behaubte Ordensfrauen, Hensoltshöher Diakonissen. Wir mochten uns auf den ersten Blick: Schwester Erika Hahn, die Küchenschwester, still und warmherzig. Schwester Babette Werthner, damals schon längst im Feierabend, zur Unterstützung in Haus und Küche, liebenswert und immer um mich besorgt. Ich konnte meine treue Freundin in Christus, mit der ich 20 Jahre Briefkontakt gepflegt habe, noch kurz vor ihrem hochbetagten Heimgang im Feierabendhaus auf dem Büchelberg besuchen. Dann die fesche und dynamische Schwester Hanne Klingelhöller, immer fröhlich und mit Begeisterung bei der Sache. Oberin Schwester Esther schickte Schwester Hanne ständig irgendwohin: Krankenbesuche, Einkäufe, Hausbesuche bei Jungschareltern. Dann die charmante Schwester Karin Böhm, die Jugendschwester der Füll mit großem Aktionsradius bis nach Diespeck im Aischgrund. Und schließlich Schwester Gertraud Fischer, fröhlich zupackend, für fast alles zuständig. Und ich, der „Bruda Medde", mittendrin. Hahn im Korb eben.

Am zweiten Tag sollte ich mich bei „Bruder Scheyhing" in

Reichelsdorf vorstellen, der grauen Eminenz, schon längst im Ruhestand, aber immer noch der „EC-Bischof" von Bayern und legendärer „Oberhofprediger" der Füll und vom Nürnberger Land. Beinamputiert, gehbehindert, aber sonst hellwach und hoch motiviert, die „jungen Brüder" anzuleiten. Seine Frau empfing mich herzlich und führte mich ins Studierzimmer des Patriarchen, der unzählige Menschen in Mittelfranken geistlich geprägt hat. Später, als ich oft als Evangelist und Gemeindeberater im Frankenland unterwegs war, bin ich immer wieder auf seine Spuren gestoßen. Ich wusste damals sofort: Bei diesem Mann kannst du was lernen! Er packte mir auch gleich das Wochenprogramm so richtig voll. Die „Füll" bediente einen großen Einzugsbereich mit Jungschar- und Jugendarbeit. Oft war ich mit Willy Scheyhing unterwegs. Er predigte, ich trat als Gesangssolist mit der Gitarre auf. Und zwischen den Einsatzorten erzählte er aus seinem Leben.

Willy Scheyhing war ein Ermutiger, ein begabter Prediger, ein Stratege, aber vor allen Dingen ein Vorbild. Immer dicht bei den Leuten, immer auf der Suche nach Talenten, immer mit dem Ziel unterwegs, jungen Menschen zu ihrer Lebensberufung zu verhelfen. Viele leitende Persönlichkeiten im DGD stammen aus der geistlichen Prägungswerkstatt von Willy Scheyhing: Prof. Dr. Kurt Lennert – langjähriger Chefarzt im Evangelischen Krankenhaus Oberhausen, Walther Lohrey – langjähriger Bundesgeschäftsführer des Deutschen EC-Verbandes, Siegfried Schärer – langjähriger Leiter der missionarischen Arbeit des Deutschen EC-Verbandes, Pfarrer Hans Übler, Prediger Klaus-Dieter Grumbach, Christian Hüppauf – langjähriger Klinik-Verwaltungsleiter im DGD, Günter Nees – langjähriger Verwaltungsleiter der Klinik Hohe Mark, Pfarrer Herbert Weimer und Ernst Kleinöder aus Mittelfranken, den Willy Scheyhing ins Mutterhaus Hebron vermittelt hatte, und zwar als Metzgermeister, und viele andere, auch zahlreiche Frauen, die in die „Hensoltshöhe" eingetreten sind.

Und wenn ich nach solch inspirierenden Touren mit „Papa Scheyhing" abends zurück in den Hafen der altehrwürdigen Füll kam, dann wurde ich von den Schwestern noch zu einem Obstsalat oder Joghurt eingeladen.

Diese familiäre Atmosphäre, das Miteinander der Diakonissen und Taborbrüder, das ist bis heute immer noch ein wesentliches Charakteristikum unseres Werkes. Ob man in Liberty Corner/New Jersey auftauchte oder im „Ländli" in der Schweiz, ob im brasilianischen Curitiba oder im niederländischen Amerongen, die gemeinsame geistliche Blutgruppe stimmt einfach, man fühlt sich sofort zu Hause. Als ich Ende der 80er-Jahre in Chicago studierte, lud Schwester Ruth Rhenius uns Tabor-Leute aus dem Großraum Chicago nach Elburn/Illinois zur Thanksgiving-Feier ein. Traugott und Magdalene Hopp, die damals mit uns in Chicago studierten, Eide und Helga Schwing, die in Elburn eine Gemeinde gegründet hatten, und Dankfried und Ruth Ortloff, Pastoren einer deutschstäm-

migen Gemeinde in Itasca, bildeten Klein-Tabor im fernen Il-
linois/USA. Schwester Ruth separierte das prächtig-knusprige
Geflügel in gerecht dimensionierte Portionen, die Frauen hatten Salate und Desserts mitgebracht. So feierten wir im DGD-
Format: essen, singen, beten und erzählen.

Zurück in die „Füll": Einmal war ich unaufgefordert noch mal
ins Schwestern-Esszimmer gekommen und traf die Diakonissen prompt ohne Haube auf dem Haupt an. Sie haben es mit
Humor genommen, mir hingegen war es furchtbar peinlich.
Fortan habe ich laut gepfiffen, wenn ich mich der Schwesternetage genähert habe, damit die Schwestern Zeit hatten, sich in
Form zu bringen.

Eines Tages erfuhr ich, dass die Füller Schwestern in Unter-
zaunsbach in der Fränkischen Schweiz Kirschen pflücken wollten. Ich bot mich spontan an, mitzufahren und zu helfen. Das
war eine Gaudi. „Basst scho!" – zu deutsch „es ist schon recht"
– sagte Schwester Gertraud Fischer, als wir den letzten Korb im
Kombi verstaut hatten. Man lernt sich viel mehr zu schätzen,
wenn man mal richtig miteinander gearbeitet hat.

Und als ich eines Tages als gelernter Zimmermann den
Schwestern alte Türen und Möbel zu Brennholz geschnitten
hatte, da war Schwester Esther Königs anfängliche Skepsis
gänzlich überwunden. Der junge Bruder konnte zupacken. Das
war wichtiger als theologische Kompetenz. Wer piekfein und

abgehoben auf seine Kanzelberufung bestand und sich die Hände nicht schmutzig machen wollte, der hatte bei manchen Diakonissen die Chance einer Dienstgemeinschaft verpasst.

Das war die Füll vor 35 Jahren. Ich war sehr gerne dort, in der für den DGD, die Hensoltshöhe und den Pietismus in Mittelfranken wohl typischsten Gemeinschaft überhaupt. Das war eine geniale Vorbereitung für meine erste offizielle Stelle im Diakonissen-Mutterhaus Lachen in der Pfalz. Bis heute kehre ich immer wieder gern in der „Füll" ein. Selbst wenn sich vieles geändert hat und die Gemeinde „am Dürer" heißt und die „Füll" ein phantastisch renoviertes hochwertiges Wohnobjekt ist, der Füll-Film läuft immer noch in meinem Kopf. Ich möchte diese prägende Zeit nicht missen.

5.

Esther Wortmann und die Lachener Diakonissen

Als ich ihr 1978 zum ersten Mal gegenüberstand, wusste ich, dass ich sie immer lieben würde. Ihre Augen hatten es mir angetan. Sie wirkten auf mich wie das Objektiv einer Kamera, sie erfassten blitzschnell meine Statur und was sich hinter meiner Fassade verbarg. Diese Frau ließ sich nicht blenden. Sie entdeckte auf Anhieb die wahren Motive eines Menschen. Gleichzeitig konnten ihre Augen alle Wärme der Welt verströmen. Ein Blick, und ich wusste, dass ich bei dieser Frau zu Hause sein kann.

Was sich wie der Beginn einer zarten Liebesgeschichte anhört, war auch eine, aber eine der ganz anderen Art, denn die Dame war ein paar Jahrzehnte älter als ich und zudem recht ungewöhnlich gekleidet. Eine weiße Haube rahmte ihr markantes Antlitz liebevoll ein. Die Diakonissentracht saß makellos. Sie war nie modeabhängig, aber immer auf der Höhe der Zeit. Diese Frau war nicht zu haben, darum konnte sie sich vielen Menschen schenken. Sie ist für mich zum Inbegriff der tüchtigen Frauen geworden, die um Gottes willen auf Ehe, Familie, Karriere und Selbstverwirklichung verzichten, um Menschen den Weg zu Jesus zu zeigen: Diakonissen, Ordensfrauen, Nonnen und Schwestern aus Kommunitäten, die die weltweite Mission und Diakonie mit Herz und Hand unermesslich bereichert haben.

Ich hatte Ende der 70er-Jahre gerade das Theologische Seminar Tabor absolviert und stellte mich an meiner ersten Arbeitsstelle als Jugendrefent im Diakonissen-Mutterhaus Lachen in Neustadt an der Weinstraße vor. Diese evangelische Lebensgemeinschaft war das geistliche Zentrum eines Gemeindeverbandes mit missionarischer Jugendarbeit. In dieses ländlich-klösterliche Milieu hatte es mich aus der Universitätsstadt Marburg verschlagen. Diakonissen kannte ich von meiner Kindheit an, aber dass ich nun gleich als theologischer Mitarbeiter in einem Mutterhaus landen sollte, das entsprach keineswegs meiner Lebensplanung.

Schwester Esther Wortmann war die Oberin der Schwesternschaft, aber sie passte in kein gängiges Klosterklischee. Sie war sehr direkt, immer um Klarheit bemüht und immer auf der Suche nach Menschen, denen sie ein Stück Heimat im Glauben bieten konnte. Jede Art von betulichem Schmus war ihr fremd. Sie hatte immer etwas Preußisches, Korrektes und Klares. Aber sie hinkte seit einer Verwundung, die sie während des Krieges bei einem Fliegerangriff auf das Mutterhaus erlitten hatte. Ihre große und aufrechte Gestalt war leicht angeschlagen. Sie war gezeichnet, durch Kriegswirren signiert und von Gott für ganz besondere Aufgaben vorbereitet worden. Ihr Leben war nicht dazu bestimmt, Kinder zur Welt zu bringen. Und trotzdem wurde sie eine geistliche Mutter für viele Männer und Frauen, die heute weltweit im Einsatz für Christus und die Gemeinde sind.

Als Leiterin einer Haushaltungsschule hat sie viele Frauen geistlich geprägt. Und abends war sie zwischen Heidelberg und

Kaiserslautern, zwischen Worms und dem Elsass unterwegs, um zu predigen, zu lehren und junge Menschen zum Dienst für Jesus zu gewinnen. Lange bevor besorgte Gemeindeälteste die Frage bewegte, was Frauen in der Gemeinde dürfen – und was nicht –, war Schwester Esther als begabte Predigerin unterwegs. Heute erinnern sich Pastoren und Missionare daran, wie Schwester Esther sie für das Reich Gottes begeistert hat.

Ich erinnere mich noch lebhaft an meine Antrittspredigt. Sie saß in der ersten Reihe und hing mir an den Lippen. Nach der Predigt nahm sie mich beiseite und brachte Lob und Tadel derart gewinnend auf den Punkt, dass ich fortan wusste, in ihr einen meiner besten Kritiker gefunden zu haben. Und wenn einmal das Outfit des jungen Mitarbeiters, der damals noch solo war, nicht ganz dem Anlass entsprach, dann gab es eine Farb- und Stilberatung der unvergleichlichen Art: charmant und stilvoll, aber nie belehrend oder verletzend.

Fünf Minuten nach unserer ersten Begegnung wussten wir, dass uns zwei lebensfüllende Themen verbinden: Evangelisation und Musik. Am liebsten beides eng miteinander verbunden. Schwester Esther liebte klassische Musik und Lieder der Erweckungsbewegung. Wenn ihre Stimme erklang oder sie zum Klavier schritt, dann hörte alles Gemurmel auf. Und wenn der kleine Schwesternchor mal schwach bei Lunge war, und das war in der sich zahlenmäßig reduzierenden Schwesternschaft zunehmend der Fall, dann rettete Schwester Esther jede sich im freien Fall befindliche Intonation und zog wieder auf den Kammerton hoch.

Wenn im Sommer die großen Kinderfreizeiten im Konferenzhaus stattfanden, zogen wir abends mit der ganzen quirligen Karawane vor Schwester Esthers Büro und brachten ihr ein Ständchen. Mir war dieser Kult schon ein wenig peinlich, aber wenn wir Stellung bezogen hatten und sie huldreich winkend vor die Haustür kam, dann hatte das etwas von einem vatikanischen Ritual. Sie streute Bonbons in die Kindermenge – und das hatte schon wieder was von Karneval oder Fasching. Sie wünschte sich immer wieder das damals populäre Lied „Sing mit mir ein Halleluja". Ich führte den Gesang der 50 bis 60 Kinder mit rockiger Gitarre an und sie setzte mit opernhaftem Tremolo immer das „ein Dankeschön" oben drauf, dass die Gläser in der Vitrine des kleinen Empfangszimmers im Rokoko-Stil unweit des Ortes der Huldigung zu klirren begannen.

Und die Musik war es dann auch, die uns einen ernsten Geschmackskonflikt bescherte. Ich sollte einen kleinen Jugendchor übernehmen und aufbauen, den mein damaliger Chef Direktor Helmut Fröhlich angefangen hatte und der unter dem Label „EC-Projekt" bis heute unter der Leitung von Reinhard Ulmer seine Homebase im Mutterhaus Lachen hat. Der Chor sollte neben den Flöten- und Gitarrenchören der Diakonissen die Tagungen, Gottesdienste und Konferenzen des Mutterhauses musikalisch bereichern. In wenigen Monaten hatten wir bis zu 80 junge Leute zu Chorfreizeiten im Mutterhaus. Und weil so viele begabte Musiker auf diese Chance warteten, wurde dann auch bald eine Band zusammengestellt: keine Gitarren im Dreivierteltakt, keine drucklosen Flöten und zartbesaiteten Veeh-Harfen, sondern eine deftige Rockband, ein akustischer Kompressor. Als das Mutterhaus so unverschämt beschallt wurde und die Schwesternschaft den „lieben Bruder Mette" gar nicht mehr so toll fand, ließ mich Schwester Esther in ihr Sprechzimmer bitten. „Lieber Bruder Mette, Sie haben alle Freiheiten, Musik für den Herrn zu machen, aber ein Schlagzeug kommt nicht ins Haus, auch kein Saxophon!"

Und wieder war es die Sprache ihrer dunklen Augen, die den Satz zum Befehl werden ließ. Es war einfach nicht ratsam, ihr in solchen Augenblicken zu widersprechen. Wie kann eine hochmusikalische Frau einzelne Instrumente aus dem Konzert ausschließen? Ich forderte sie zu einer Begründung heraus. Sie wollte das Evangelium nicht im Lärm verkommen lassen. Und so wurde meine Liebe und Hochachtung für Schwester Esther einem harten Test unterzogen. Ich wollte meiner geistlichen Leiterin keinen Ärger machen und gleichzeitig die begabten jungen Musiker nicht verlieren. So haben wir das Schlagzeug mit abgelegten Diakonissenschürzen gedämpft und die Männer am Mischpult um Verständnis angefleht. Wann immer wir die Lautsprecherboxen aufbauten, kollidierten die Dröhnkisten mit der liebevoll arrangierten Blumendekoration des Mutterhaus-Gärtners Traugott Ulmer. Die liebevoll getopften Geranien verloren den Streit um Töne und ließen bald die Köpfe hängen. Es war immer zu laut. Und „die Jugend" achtet nicht mehr die Orgel und pfeift auf die empfindlichen Gehörgänge der betagten Schwestern. Es gab viele Gespräche mit Schwester Esther. Bruder Fröhlich, der fröhliche Direktor, hielt seine Hände über uns und mühte sich um Ausgleich aller widerstrebenden Interessen. Mit Erfolg.

Warum ist es nicht zum Crash gekommen? Weil Schwester Esther meine Motivation erkannte, junge Menschen auf zeitgemäße Art in den Dienst für Jesus zu führen, und weil ich ihre Sorge ernst genommen habe. Auf diesem schmalen Grat gegenseitiger Wertschätzung haben wir es geschafft, neue Musikstile im Mutterhaus einzuführen. Als Schwester Esther erkannte, dass junge Menschen auf diese Weise lernen, Jesus zu dienen, konnte sie ihren Musikgeschmack auch hinten anstellen. So wurde unsere „Liebe auf den ersten Blick" geprüft und gefestigt.

Drei kleine Geschichten mit Schwester Esther, die mich im ersten Jahr des pastoralen Dienstes nachhaltig geprägt und für die Zusammenarbeit mit Diakonissen vorbereitet haben: Ich sollte in den 40 Jahren meines Dienstes noch viel mit diesem Typus der ganzen Hingabe an Jesus Christus zu tun haben und viel lernen.

Weil ich damals noch unverheiratet war – ich hatte ja nach dem ersten Examen noch ein Jahr „Sperrzeit für Flugtauben" zu bestehen –, sorgte Schwester Esther für mich wie meine eigene Mutter. Eines Tages wurde beim Mittagessen am Schwesterntisch die pfälzische Spezialität „Quetschekuche unn Grummbeersupp" serviert, eine in meinen Augen etwas abartige Kombination aus Zwetschgenkuchen und Kartoffelsuppe – ein „no-go" für meinen Geschmack. Schwester Esther bemerkte mein Zögern und Zagen. So ließ sie denn gleich die Küchenschwester zu sich bitten. Ganz dezent flüsterte sie ihr zu, für Bruder Mette ein Würstchen zur Suppe zu servieren. Der Kuchen solle mir dann mit Sahne zum Dessert gereicht werden. So hat sie mich aus der Verlegenheit gerettet. Die Mutterhausküche war erstklassig, ich wurde verwöhnt und mit „den anvertrauten Pfunden" belohnt. Nur Kohls Saumagen haben sie nie aufgetischt.

Als 1979 die Liebe zu Heike aufbrach, meiner heutigen Ehefrau, war es Schwester Emmi, die es zuerst „spitz" bekommen hatte. Es war gerade Rübenernte, und weil ich einen freien Nachmittag hatte, bot ich mich dem Landwirt des Mutterhauses an, beim Aufladen der frisch geköpften schweren Feldfrüchte zu helfen. Ein paar Haustöchter und ein paar Diakonissen waren ebenfalls gestiefelt auf dem Acker zugange. Schwester Emmi, die auch für die Reinigung meines Appartements zuständig war, hatte schon eine Ahnung. Sie nannte mich immer „Fürst Metternich". Da ich am Abend meine Geliebte zu Besuch erwartete und Schwester Emmi „Fräulein Wilhelm" ein Gästebett vorbereitet hatte, musste ich sie einweihen. „Des weiß ich schunn lang", war ihre Reaktion. Und weiter ging es mit Rübenaufladen. Meine Frau und Schwester Emmi pflegen bis heute eine gute Freundschaft. Und als Waltraud Fröhlich, die Gattin des Direktors, die Taborfrauen aus der Vorderpfalz zum Tee einlud, war „die junge Tabor-Braut" auch eingeladen. Hernach kam Frau Fröhlich strahlend auf mich zu und verkündete mir das einhellige Entzücken der Taborfrauen in der Region.

Natürlich hat auch Schwester Esther Fräulein Wilhelm einer unauffälligen Begutachtung unterzogen. Frau Oberin war geradezu „enthusiasmiert" über meine Wahl. Irgendwann nahm sie mich beiseite und steckte mir den Schlüssel vom Hallenbad zu: „Gehen Sie ruhig mal mit Ihrer Freundin schwimmen." Auf diese Idee wäre ich am Ende meines entsagungsvollen Tabor-Zölibats nun gar nicht gekommen. Schwester Esther hatte ein Herz für die Liebenden. Das haben auch andere Taborbrüder erfahren: Willi und Rose Neureder zum Beispiel, und Walter und Ilsedore Hery. Zuweilen hörte man von den Lachener Diakonissen, die Oberin könne es mit den Brüdern besser als mit den Schwestern. Mir sollte das recht sein.

Weil ich zu Beginn meines geistlichen Dienstes meinte, das Reich Gottes habe besondere Eile, hatte ich mich in wenigen Monaten derart verausgabt, dass ich eines Tages von einem Kreislaufkollaps hingestreckt wurde. Schwester Esther ließ mir dann ein Krankenstübchen im Mutterhaus einrichten und sorgte für meine baldige Genesung. Abends erschien sie zum Krankenbesuch. In den Falten ihres Diakonissengewandes verbarg sie wie damals Maria in Bethanien ein Fläschchen Sekt. Diesen verordnete sie mir augenzwinkernd zu meiner Gesundung. Ich habe die Fürsorge genossen. Wenn Schwester Esther weg war, kam die hochbetagte Schwester Kathrin in mein Krankenstübchen; sie war früher OP-Schwester im Krankenhaus Eberbach am Neckar. Sie wollte dann immer wissen, was mir der Arzt verordnet hatte, und hat mir rundweg abgeraten, „das Zeug" einzunehmen. So führte ich meine baldige Genesung ganz auf Schwester Esthers Medizin aus dem Hause „Fürst Metternich" zurück. Es versteht sich von selbst, dass das Mutterhaus grundsätzlich alkoholfrei geführt wurde. Diese Fürsorge war medizinischer Natur, ein gehorsamer Vollzug der paulinischen Empfehlung aus 1. Timotheus 5,23.

An meinem 50. Geburtstag, dem kalendarisch problematischen 28. Februar 2002, haben wir Schwester Esther beerdigt. Ich feiere zwischen den Schaltjahren immer am letzten Februar, da ich ja nicht im März geboren wurde. Es war der bewegendste Geburtstag meines Lebens, weil wir eine Freundin in Christus an Gott zurückgegeben haben, die so vielen Menschen zum Segen geworden ist. Ihre letzten Jahre waren schwer, sie hat ihre Freunde kaum noch erkannt, aber sie ist mit klarem Bewusstsein endgültig heimgegangen. Ich danke Gott, dass ich Schwester Esther erleben durfte. Auch wenn heute unsere Diakonissen-Mutterhäuser nicht mehr den dringend nötigen Nachwuchs haben, der dort praktizierte Lebensstil ist zeitlos und verdient unsere Hochachtung und Dankbarkeit. Die nächste Generation der Kirchengeschichte wird diesen, in der römisch-katholischen Kirche so selbstverständlichen und ungebrochen vitalen Dienst wieder neu erfinden müssen.

6.

Günther Carqueville

„Herr Rektor Carqueville möchte Sie sprechen!", sagte mir die für die Jugendarbeit in Gunzenhausen zuständige Diakonisse. Der EC-Jugendbund hatte mich als Referent für eine Jugendwoche in der Sporthalle eingeladen. Der Ton und der Blick, mit der mir diese Nachricht übermittelt wurde, gab Anlass zu der Vermutung, dass „Herr Rektor" mich nicht zu einer Plauderei bei Tee und Gebäck geladen hatte. Aber ich nahm dankend an und begab mich hinauf ins Mutterhaus. Ich konnte mir nicht erklären, um was es ging, war doch der örtliche Jugendkreis und die Landeskirchliche Gemeinschaft Veranstalter dieser Jugendwoche, nicht das Mutterhaus Hensoltshöhe. Dorthin hätte ich sicher keine Rockband eingeladen. Der Streit um Töne war Dauerbrenner auf den Jugendkonferenzen über die Ostertage. Mich beschlich die Ahnung, dass die musikalische Gestaltung der Jugendwoche der Meldepflicht ins Mutterhaus unterlag. Das war mir nicht bekannt, sonst hätte ich einen Flötenchor oder eine Saitenspielgruppe engagiert. Irgendein eifriger Wächter aus dem Gemeinschaftshaus „Silo" musste Herrn Rektor die Nachricht überbracht haben, der „Bruda Medde aus Marburch" würde die Rockmusik einführen. Das war zwar Beschluss des Jugendkreises, aber ich ahnte den Grund der Vorladung.

Bis dahin kannte ich „Herrn Rektor" nur vom Bild, und da wirkte er blass und grau. Und ihm wurde beim Predigen ein kräftiges Stimmvolumen attestiert. Er würde zuweilen schreien, was die einen als Erweis seiner Vollmacht lobten und andere als unangenehm empfanden. Und er habe etwas gegen moderne Musik und Theater und Brimborium im Dienste der Evangelisation. Aber das alles schreckte mich nicht. Ich freute mich auf die Begegnung mit dem Gottesmann. Ich würde ihm mit Respekt und Liebe begegnen.

Als ich sein kleines Büro betrat, das nicht wie das große Büro der Hausmutter repräsentativ zur sonnigen Talseite hin lag, sondern zur dunklen Waldseite hin, da erschien mir der Mann noch grauer als vermutet. Pfarrer Carqueville wirkte wie eine fleischgewordene Schwarz-weiß-Fotografie. Dunkelgrauer Anzug, schwarzer Hut, schwarzer schmaler Schlips, schwarze hohe Schuhe, graue Haare und ein sehr blasses Gesicht. Er hat dieses textile Ensemble nie variiert. Sein Mitarbeiter Helmut Täschlein wusste zu berichten, er habe fünf absolut identische Anzüge gehabt. Der einzige Farbtupfer war ein ganz dezenter gelblicher Stich im weißen Hemd – kaum wahrnehmbar.

Sein Büro war ebenso farblos, selbst eine Serie Karten mit holzschnittartigen Motiven, die den Büroschrank zierten, waren von derart blasser Farbgebung, dass mein Eindruck einfach „stimmig" war: Hier passte alles zusammen. Heute würde man sagen: black/white corporate design! So weit der optische Eindruck. Und der täuschte gewaltig.

Er streckte mir mit herzlichen Worten die Arme entgegen und freute sich echt über meinen Besuch. Dann legte er mir in einem ganz feinen Ton sein Verständnis von Evangelisation dar. Und da waren wir beide uns auf Anhieb ganz nahe. Wir waren verbündet im Auftrag Jesu, das Evangelium mit allem Ernst zu verkündigen. Es stand nichts zwischen uns. Ich empfand eine tiefe Achtung vor diesem ernsten Mann. Und er spürte, dass mich das gleiche Anliegen beseelte. Er ließ sich interessiert von der Jugendwoche berichten und kam dann – wie befürchtet – zum Thema Musik. Aber da war bereits das Maß unserer theologischen Übereinstimmung und persönlichen Wertschätzung so groß, dass mich ein Disput über Formfragen nicht mehr schrecken konnte. Ich konnte ihm darlegen, warum wir die Jugend mit zeitgemäßer Musik ansprechen wollten, und er konnte seine Sorge artikulieren, dass vor lauter Musik und Theater nicht das Wort vom Kreuz zu kurz kommen dürfe. Am Ende des Gesprächs knieten wir nieder und beteten, und er, der bewährte Prediger des Evangeliums, segnete mich zum Dienst. Wir mussten keinen der geplanten musikalischen und künstlerischen Beiträge absagen. Ich wusste: In Günther Carqueville hatte ich einen Freund und Bruder und Beter gewonnen. Kurze Zeit später folgten dann diverse Einladungen zu Diensten auf der Hensoltshöhe.

Von da an war mir ziemlich egal, was andere über meinen lieben und geschätzten Bruder Carqueville sagten. Ich konnte nur Gutes von ihm berichten. Über Geschmacksfragen kann man trefflich streiten, aber wer eins im Herrn ist, wird im fairen Disput über Formfragen Einigung erzielen. Das „Eins im

Namen Jesu" überragt persönliche Differenzen in Stil- und Geschmacksfragen. Von da an waren wir nicht nur Brüder, sondern Freunde. Und was ich total „cool" fand: Er hatte solch einen Respekt vor mir, dass er mich weiterhin siezte.

Die Verabschiedung von Günther Carqueville aus dem aktiven Dienst werde ich nie vergessen. Er sprach in einer bewegenden Dringlichkeit über die Abschiedsworte des alttestamentlichen Josua. Ich sackte immer tiefer ins Gestühl der Zionshalle. Die Audio-Cassette habe ich immer wieder unterwegs im Auto gehört. Ich fühlte mich jedes Mal frisch ordiniert.

So schwarz-weiß seine äußere Erscheinung auch war, so schwarz-weiß er auch immer die böse Welt und die Moderne gemalt hat, so bunt und frisch und sprudelnd war er als Prediger auf der Kanzel. Er hatte einen liebenden Blick und ein echtes Interesse an den einfachen Leuten. Seinen Namen suchte man vergebens auf den Rednerlisten der Kirchentage und der großen überregionalen Kongresse. Er wollte seinen fränkischen Schwestern und Brüdern dienen. Protz und Pomp waren ihm völlig zuwider. Er lebte privat in großer Bescheidenheit. Der schlichte fränkische Landwirt war ihm näher als manch kirchlicher Würdenträger. Schwester Barbara Oehmichen, langjährige Oberin der Schwesternschaft, erzählte mir, dass er an den Sonntagen immer nur einen Dienst in den Gottesdiensten der Hensoltshöher Gemeinschaften und

Gruppen des Blauen Kreuzes angenommen habe. Nicht weil er sich schonen wollte, nein, er wollte vor und nach dem Gottesdienst Zeit für seelsorgerliche Gespräche haben. Und wenn er sich im grauen kleinen VW-Jetta von einer Diakonisse zu den Feierabendschwestern auf dem Büchelberg fahren ließ, dann zog er selbst im Auto den Hut, wenn im malerisch schönen Laubenzedel die Bauersleute am Wegrand standen und grüßten.

Günther Carqueville wurde 1913 in Posen geboren. Sechs Jahre später musste er nach Schlesien flüchten. Bereits als Konfirmand stand sein Berufswunsch Pfarrer fest. Nach dem Abitur studierte er von 1932 an in Breslau Theologie. Nach dem ersten Examen war er Lehrvikar im Riesengebirge, wo er seine eigentliche Lebenswende erlebte. Während des Besuchs des Predigerseminars in Stettin arbeitete er als Erzieher unter psychisch Kranken. In dieser Zeit sammelte er erste Erfahrungen in auswärtigen Predigtdiensten der Volksmission in Pommern. 1939 legte er das zweite theologische Examen ab und wurde in Breslau ordiniert. Im selben Jahr heiratete er Gerda geb. Scholz. Ein Tag nach der Hochzeit wurde er zum Militär einberufen. In den Feldzügen in Russland und Frankreich wurde er viermal verwundet. Vor der Kapitulation war er Oberleutnant in der Italienarmee. In einem englischen Kriegsgefangenenlager in Süditalien betätigte er sich als Lagerpfarrer und durfte erleben, dass viele seiner Kameraden zum Glauben an Jesus Christus fanden.

1953 wurde Pfarrer Carqueville als theologischer Mitarbeiter in das Gemeinschafts-Diakonissen-Mutterhaus Hensoltshöhe berufen. Die Familie kam mit ihren beiden Söhnen aus einer Diasporagemeinde im Bayrischen Wald. In dieser neuen Phase des Dienstes entwickelte er sich zu einem gefragten Evangelisten und Seelsorger. 1967 wurde ihm das Amt des Rektors und Hausvaters übertragen, damals gehörten noch über 1200 Diakonissen zur Schwesternschaft. Er war mehr Hausvater als Rektor, mehr Prediger als Theologe, mehr Evangelist als Manager, mehr Seelsorger als Therapeut, mehr prophetischer Mahner als strahlender Schönfärber. Er war umgetrieben von der Sorge um einen geheiligten Lebenswandel der Kinder Gottes, um eine heilige Konzentration der Kirche auf ihren eigentlichen Auftrag.

Diesen Dienst tat er unter mancher gesundheitlichen Einschränkung, aber immer im Lobpreis und in dankbarer Bescheidenheit. Er war im Krieg an Typhus erkrankt, litt an mehreren Bandscheibenvorfällen und fror ständig. Darum war er zugempfindlich und trug selbst in sommerlicher Hitze den schwarzen Hut. Wer ihn und seine Motivation nicht kannte, konnte schnell zu einem irreführenden Urteil finden. Wer mal mit ihm gebetet hatte, wusste um den Segen und die Anfechtung dieses Mannes.

Mir ist ein Bild vor Augen, das für immer meine Erinnerung an Günther Carqueville illustrieren wird: Der große Schwes-

ternchor singt Ostern in der Zionshalle sein legendäres Weihe-
lied und am Rand der ersten Reihe steht „Herr Pfarrer" Seite
an Seite mit seinen Schwestern und bekennt:

„Das ist Seligkeit,
wenn ein armes, armes Leben
ist ihm ganz geweiht."

1987 trat Günther Carqueville in den Ruhestand. Am
14.10.1998 wurde er auf dem alten Friedhof in Gunzenhausen dem Grab überlassen. Seine Frau folgte ihm wenige Jahre
später.

Was verbindet mich mit diesem bescheidenen und voll-
mächtigen Gottesmann? Die Einsicht, dass man in Form- und
Stilfragen geteilter Meinung sein darf, wenn nur das Herz für
Jesus und seine Gemeinde schlägt. Günther Carqueville war
einer, der auf sehr originelle und fröhliche Art das gelebt hat,
was man im DGD die „Linien unseres Werkes" nennt. Bei allem
Ernst seines Dienstes zeichnete ihn ein köstlicher Humor und
eine große Freude am Gesang aus, den er mit seinem druck-
festen Bariton stets bereichert hat.

Anfang der 80er-Jahre erhielt Günther Carqueville eine Ein-
ladung, einen Text für ein christliches Magazin oder eine Fest-
schrift zu liefern. Seine Antwort vom 11.06.1983 fiel bezeichnend aus:

„Mir ist es nach vielen Überlegungen aus Gewissensgründen nicht möglich, Ihnen einen Beitrag zu schicken. Ich gehöre nicht ins Rampenlicht der Öffentlichkeit, da ich ein Zwerg Gottes bin, der wohl seit seiner Bekehrung in der Kraft des Heiligen Geistes den Mund zur Ehre Gottes weit aufgemacht hat, der aber weiß, dass er zu den Geringsten gehört!"

7.

Walter Stumpf

Es war der 12. Juni 1933, als ein junger Mann mit der Reichsbahn aus der Pfalz in die Oberhessische Universitätsstadt Marburg gereist kam. Dort begrüßte ihn ein klerikal gekleideter Mann mit dunklem Anzug und weißem Stehkragen: „Sind Sie Herr Stumpf?" Vom damals karg besiedelten Ortenberg herunter war er zum Bahnhof gekommen, um den jungen Kandidaten aus der Pfalz mit einem kleinen Leiterwagen abzuholen. Sie luden das bescheidene Gepäck auf und machten sich auf den Weg ins Brüderhaus Tabor, wo die Hausmutter, Schwester Barbara Geißendörfer, bereitstand, den jungen Bruder herzlich zu empfangen. Er durfte dann auch gleich beim Mittagessen im großen Speisesaal direkt neben der Hausmutter sitzen.

Walter Stumpf war ein schneidiger adretter Mann. Sein korrekt gestutzter Schnauzbart verdeckte eine Behinderung, die man damals „Hasenscharte" nannte, eine Gaumenspalte und Nasenscharte, unter der er ein Leben lang gelitten hat. Nicht, dass diese Behinderung seine sonst makellose Erscheinung beeinträchtig hätte, aber er war zum Predigen berufen und musste ein Leben lang mit der Sorge leben, von seinen Hörern akustisch nicht richtig verstanden zu werden. Aber das Brüderhaus Tabor wurde für ihn zu einer geistlichen Heimat, in der seine Behinderung akzeptiert wurde. Er wurde so umsorgt und umbetet, dass er schon in jungen Jahren ein Ja zu dieser körperlichen Einschränkung fand. Er empfand diese Behinderung immer als einen „Pfahl im Fleisch", aber irgendwann wurde ihm das „Lass dir an meiner Gnade genügen" zu einer befreienden Einsicht.

Gleich nach der Ausbildung wurde er zum Sekretär der Hauseltern berufen. Er war für die umfangreiche Korrespondenz von Direktor Seitz und Oberin Schwester Barbara Geißendörfer zuständig, ein Amt mit hoher Verantwortung, das unbedingte Verschwiegenheit forderte. Bald wurde auch Pfr. Theophil Krawielitzki, der Direktor des Deutschen Gemeinschafts-Diakonieverbandes, auf dieses junge Talent aufmerksam. Walter Stumpf sollte Generalsekretär des rasant wachsenden Diakonissenwerkes werden, zu dem neben dem Brüderhaus Tabor damals die Diakonissen-Mutterhäuser Vandsburg, Hebron und Hensoltshöhe gehörten.

Aber Walter Stumpf musste bald in den Zweiten Weltkrieg ziehen. Nach dem Krieg arbeitete er 1500 Tage in russischer Gefangenschaft in einem Bergwerk am Ural unter dramatischen Bedingungen. 1500 Tage bei trockenem Brot und Graupensuppe, tagsüber in unermesslicher Hitze unter Tage, nachts in klirrender Kälte in den zugigen Baracken über Tage. Hier hätte er einer von ungezählten Gefangenen sein können, die nass geschwitzt und völlig erschöpft beim Weg aus dem Stollen in die Baracke bei 40 Grad Kälte einfach tot umfielen. So ging es Tausenden in diesen Lagern Sibiriens. Hier hätte sich seine Spur verlieren können. In Tabor wäre er unter „vermisst" oder „gefallen" registriert worden ...

12. Juni 2008. Genau 75 Jahren später stehe ich mit meiner Frau vor dem Seniorenstift in Neustadt an der Weinstraße, eingebettet zwischen den Weingärten und dem Haardtgebirge. Wir melden uns an der Rezeption dieses vornehmen Hauses. Ehe wir uns umschauen können, kommt Walter Stumpf mit beschwingtem Schritt strahlend auf uns zu und schließt uns in die Arme. Wie immer überschüttet der alte Gentleman im 94. Lebensjahr meine Frau mit Komplimenten, von denen mancher junge Ehemann viel lernen könnte. Welch ein seniorales Mannsbild. Er wiegt seit 75 Jahren – abgesehen von der Zeit in der Todeszone der Gefangenschaft – 75 Kilo. Er trägt einen luftigen Sommeranzug und duftet, als sei er gerade aus dem hauseigenen Friseursalon gekommen. Die Schuhe sind farblich stilvoll auf den Anzug abgestimmt. Das Oberlippenbärtchen ist korrekt getrimmt, wie damals vor 75 Jahren, als er in Marburg ins Brüderhaus Tabor eingetreten war. Seine gepflegte Frisur weist immer noch mehr schwarzes als weißes Haar auf. Die Bewohner des Seniorenstifts grüßen ihn freundlich, manch ältere Dame schaut ihm bewundernd nach. Er hält Bibelgesprächskreise, veranstaltet Modenschauen für die reifere Generation, beteiligt sich an Gymnastikgruppen. Den Arzt des Hauses hat er in den 14 Jahren, in denen er nach dem Tod seiner Frau nun in dieser wunderschönen Anlage wohnt, bisher erst einmal in Anspruch nehmen müssen. Walter erzählt uns strahlend, was dieser Arzt ihm kürzlich gesagt hat: „Herr Stumpf, es gibt unter 10000 Menschen nur einen, der über solch eine physische Konstitution verfügt. Und es gibt unter

20000 Menschen nur einen, der im 94. Lebensjahr über solch eine psychische Konstitution verfügt."

Walter Stumpf hat nach dem Krieg mit seiner Frau Kinder- und Jugendheime in Neustadt aufgebaut und geleitet. Unzählige junge Menschen sind durch seine prägende Schule gegangen. Das war seine eigene „Karriere", er gehörte ja offiziell nicht mehr zu Tabor, was ihm in all den Jahrzehnten der Trennung sehr weh getan hat. Er musste die Taborbruderschaft verlassen, nur weil er ohne Einhaltung der damals geltenden achtjährigen Sperrfrist seine große Liebe etwas früher geheiratet hat, als es erlaubt war. Aber im Herzen ist er immer „Taborbruder" geblieben. So war es für ihn eine ganz starke Erfahrung, als Günter Hopp, der damalige Tabor-Direktor, Anfang der 70er-Jahre bei Stumpfs in Neustadt erschien und sie wieder in die Bruderschaft einlud.

Und dann zeigt uns der glückliche Mann sein wunderschönes Appartement. Auf dem Schreibtisch steht eine grüngraue Olympia-Schreibmaschine, die er noch täglich mit 10 Fingern traktiert. Gelernt ist gelernt! Vom Balkon aus fällt der Blick auf das Haardtgebirge. Nordwestlich sehen wir eine Appartement-Anlage, in der seine geliebten Tabor-Nachbarn, Ehepaar Weigold, gelebt haben, die 2002 durch einen Verkehrsunfall ums Leben kamen. Wir trauern gemeinsam im Gedenken an dieses wunderbare Ehepaar. Aber Walter ist nicht einsam. Er gehört zu einem Hauskreis des Gemeinschaftsverbandes. Bis vor wenigen Jahren war er als Prädikant der Pfälzischen Landeskirche auf den Kanzeln tätig. Das nahe liegende Diakonissen-Mutterhaus in Lachen-Speyerdorf ist auch für alle Angehörigen der Studien- und Lebensgemeinschaft Tabor, die in der Pfalz leben und arbeiten, ein geistliches Zentrum, in dem Walter Stumpf ein gern gesehener Freund ist.

Mit etwas Wehmut berichtet uns der Jubilar, dass er letztes Jahr seinen geliebten Mercedes 280, Baujahr 1978, an seinen Sohn übergeben hat und er nun darauf angewiesen ist, von Freunden ins Mutterhaus oder nach Tabor mitgenommen zu werden.

An diesem wunderschönen Jubiläumstag fahren wir durch die Weinberge nach Gimmeldingen ins traditionsreiche Gasthaus „Pfalzterrasse". Die Chefin schließt Walter Stumpf freundschaftlich in die Arme. Dies scheint seine Stammgaststätte zu sein. Unser Blick schweift über die fruchtbare rheinische Tiefebene über Ludwigshafen und Mannheim bis zur badischen und hessischen Bergstraße. Während wir zum Jubiläumsfestessen waren, wurde von der Hausmutter der Lachener Schwesternschaft eine wunderschöne Topfblume in der Rezeption abgegeben. Hier lebt die DGD-Gemeinschaft zwischen Diakonissen und Taborleuten offensichtlich sehr vital.

Bei Kaffee und Kuchen auf der sonnigen Terrasse des Seniorenstifts kommt Walter Stumpf ins Erzählen. Bis heute nagt in ihm die Frage, warum die leitenden Leute im DGD und in Tabor sich nicht früher und deutlicher gegen das NS-Regime gestellt haben. Und immer wieder kommt er darauf zu sprechen, wie viel Spott er in der Schule wegen seiner Sprachbehinderung ertragen musste. Obwohl man ihn akustisch sehr gut verstehen kann, plagt es ihn bis heute, dass er seinen sprühenden Geist und seine theologischen Einsichten nicht so formvollendet präsentieren kann, wie er es gern tun möchte.

Sein Jubiläumszeugnis in Tabor werden wir so schnell nicht vergessen: 75 Jahre in Worte zu fassen, wenn die Sprache Mühe macht, da muss das Herz sprechen. Und das ist es, was uns an Walter Stumpf so fasziniert: Ein Mann voller Wärme, Liebe und Dankbarkeit, ein charmanter Senior mit sprühendem Geist, herrlichem Humor und dem unverkennbaren Schalk in den Augen. Was ist das Geheimnis dieses außergewöhnlichen Mannes? Er hat Frieden mit Gott und mit seiner Lebensführung. Er setzt sich täglich seinem Wort aus. Er lebt im geistigen Schatz unzähliger Choräle und Erweckungslieder, die er in den brutalen Jahren der sibirischen Gefangenschaft gelernt hat. Er lebt in einem vitalen Netzwerk der Taborleute und will auch nächstes Jahr wieder nach Tabor kommen. Wenn er im Konvent der Studierenden aus seinem Leben erzählt, dann hängen ihm die jungen Leute an den Lippen.

Gegen 15 Uhr machen wir uns auf die Rückreise, denn der Jubilar muss sein Mittagsschläfchen machen, damit er pünkt-

lich zum EM-Fußballspiel gegen Kroatien bei der Fernsehüber-
tragung im Seniorenstift bei Brezeln und Bier wieder dabei
sein kann.

Die Leistung der deutschen Fußballmannschaft war nur mä-
ßig. Aber der Jubiläumstag mit Walter Stumpf, dem derzeit ältesten Taborbruder, hat ihn jung und die deutsche Mannschaft
alt aussehen lassen. Es war der 12. Juni 2008, das 75. Tabor-
Jubiläum eines außergewöhnlichen Mannes.

Es wurden ihm noch weitere drei sonnige und unbeschwer-
te Jahre geschenkt. Taborbruder Lösel aus Frankenthal übernahm den Chauffeurdienst und brachte Walter zu den Tabor-
wochen nach Marburg, obwohl er lieber selbst am Steuer seines Mercedes gesessen hätte.

Im Frühjahr 2011 musste sich Bruder Stumpf in ärztliche
Behandlung begeben, die dann letztlich sein irdisches Finale einleiten sollte. Wir haben ihn noch einige Male im Pfle-
geheim besucht, wo ihn die Taborleute, einige Lachener
Schwestern und Mitglieder der Landeskirchlichen Gemeinschaft liebevoll betreut haben. Unser letzter Besuch bei Walter wird uns unvergessen sein. Er lag gekrümmt vor Schmer-
zen in seinem bescheidenen Zimmer, aber als er uns erkannte, strahlten seine Augen. Wir hielten seine Hände und trös-
teten ihn, so gut wir konnten. Auf seinem Nachttisch lag eine
Broschüre der Stiftung Marburger Medien „Zieh mein Herz

zu dir" mit Liedern, die so manchen Menschen auf dem Weg in die ewige Heimat begleitet haben. Als wir „Harre meine Seele" sangen, hat Walter alle Strophen mit klarer Stimme mitgesungen. Ich habe ihm noch himmlische Grüße an Henryk und Gerlinde Weigold mitgegeben. Da leuchteten seine Augen, bevor er dann wieder in seine Klage „Herr Jesus, hol mich heim!" fiel. Wenige Tage später war er von seiner kurzen Leidenszeit erlöst.

Sein jahrzehntelanger Weggefährte Helmut Fröhlich hat auf Walters Wunsch hin die Trauerfeier geleitet und das Evangelium von der Auferstehung gepredigt. Ein kleiner Spontanchor der Taborleute verzierte die schlichte Feier mit „Herr, weil mich festhält deine starke Hand". Beim Trauermahl im Diakonissen-Mutterhaus erzählte Walters Sohn in bewegenden Worten, was er in den Notizen der Bibel seines Vaters gefunden hatte und was das für ihn und seine Schwester bedeutete.

Anfang des dritten Jahrtausends hatten wir Walter zu uns zum Essen eingeladen. Unsere drei heranwachsenden Söhne saßen wie gebannt am Tisch und hörten dem alten Mann mit der Hasenscharte zu, wie er von seinen Kriegserlebnissen und seiner Taborgeschichte erzählte. Hinterher sagten die Jungs: „Das war so spannend, hätten wir doch bloß unsere Freunde eingeladen. Das hätten die hören müssen!" Darum habe ich es aufgeschrieben.

8.

Epilog

Das war es. Ein erster Versuch, Vorbilder zu porträtieren und eine Liebeserklärung an das Werk abzugeben, in dem ich 40 Jahre meines Lebens zubringen durfte. Möge diese biografische Sammlung von Lebenszeugnissen dazu dienen, dass unsere Reihen gestärkt werden, dass wir aus dem Chor der Bedenkenträger endgültig austreten und im Quartett der Zuversichtlichen singen. Natürlich ist der DGD nicht mehr das, was er vor 100 Jahren war, das wäre ja auch traurig. Aber der Charakter einer großen Werkfamilie ist immer noch intakt. Evangelisation und Diakonie sind immer noch unsere großen Themen. Die neuen DGD-Foren bewähren sich als wertvolle Plattform der Begegnung für die Führungskräfte und die XXL-Foren für tausende von Mitarbeitern unseres Werkes. Mögen diese Lebensnotizen dazu beitragen, dass wir unser Motto „Dankbar Gott dienen" noch besser leben können.

Weitere Biografien bei FRANCKE

Ka'egso Hery
Tränen in Gottes Hand
ISBN 978-3-86827-340-3
160 Seiten, gebunden

Als Ka'egso Hery seine Frau Christiane, Mutter von zwei Kindern, auf einem Indianerfriedhof in Brasilien beerdigen muss, zerplatzt der Traum von der gemeinsamen Arbeit in Südamerika wie eine Seifenblase und die Frage nach einem liebenden Gott und Vater wird laut.

In Briefen und Texten schreibt sich der junge Vater und Missionar seine Trauer und seinen Schmerz von der Seele. Ehrlich und schonungslos kommen die Gefühle eines Menschen zum Vorschein, dessen Welt ihre Farben, ihren Geschmack und ihren Sinn verloren hat.

Dieses Buch entstand mitten in den dunklen Stunden des Schmerzes. Es ist das authentische Zeugnis eines Menschen, der mit Gott ringt und nach Antworten sucht. Und der das Licht am Ende des Tunnels sehen darf, als Gott ihm eine Frau zur Seite stellt, die seinen zwei Kindern eine liebevolle Mutter und ihm eine neue Partnerin ist.

Ein bewegendes Lebensschicksal!

Ilse Roennpagel
Die Urwaldhebamme
Der spannende Alltag einer Missionarin
ISBN 978-3-86122-955-1
160 Seiten, kartoniert

Was tun, wenn nachts der Zauberer an die Tür klopft und um einen Fingerverband bittet? 38 Jahre lang trägt Schwester Ilse Roennpagel das Licht Gottes in die „grüne Hölle" Brasiliens. Als Hebamme ist sie unermüdlich unterwegs in den unendlichen Urwäldern des Riesenlandes. 2000 Kindern verhilft die „Mutter des Volkes", wie die Indianer sie nennen, zum Leben. Sie bringt den Menschen Krankenpflege und Nähkurse, Hygienetipps und Leseunterricht – vor allem aber das Wort und die Liebe Gottes. Ihr mutmachendes und packendes Lebenszeugnis ist ein Lobgesang auf einen mächtigen Gott.

Ilse Roennpagel
Die Urwaldhebamme und ihre Kinder
ISBN 978-3-86827-034-1
176 Seiten, kartoniert

„Man muss sie erlebt haben, die Urwaldhebamme und ihre unvergleichlichen Geschichten zwischen Himmel und Erde. Sie ist ein Backofen voller Wärme und Liebe, ihr strahlendes Gesicht und ihr gewinnendes Wesen erzählen die Höhen und Tiefen eines Lebens unter der Regie Gottes. Schwester Ilse hat sich für ein Leben in einer Schwesterngemeinschaft entschieden, sie hat auf Ehe und Familie verzichtet und ist auf bewegende Weise vielen Menschen in Brasilien zu einer Mutter in Christus geworden. Sie hat als Hebamme nicht nur den Neugeborenen ins Leben geholfen, sie hat auch vielen Erwachsenen geistliche Geburtshilfe geleistet. Vorsicht, die Lektüre dieses Buches ist ansteckend."

Ilse Roennpagel
Neues von der Urwaldhebamme
Aus dem Tagebuch einer Missionarin
ISBN 978-3-86827-192-8
128 Seiten, kartoniert

Wieder öffnet Schwester Ilse Roennpagel ihr Tagebuch und gewährt Einblicke in ungewöhnliche, bewegende und spannende Erlebnisse während ihrer Zeit als Urwaldhebamme und Missionarin in Brasilien.

Ihre Geschichten über geheimnisvolle Kuchenverzierungen und nächtliches Treiben auf dem Dachboden laden zum Schmunzeln ein. Mitzuerleben, wie sie von Räubern überfallen und entführt wird, lässt einem hingegen das Blut in den Adern gefrieren.

Der rote Faden, der sich durch all die unterschiedlichen Erzählungen von Schwester Ilse zieht, ist ihr großes Gottvertrauen. Es ist erstaunlich und zutiefst faszinierend: Selbst in schwierigsten Situationen lässt sie nie den Kopf hängen, sondern schickt ein Gebet gen Himmel. Und so erfährt sie in manch auswegloser Situation Gottes Eingreifen. Ihre Berichte ermutigen zu einem Leben mit Gott.

Lotte Bormuth
Und doch lacht mir die Sonne
ISBN 978-3-86827-233-8
208 Seiten, kartoniert

AUS MEINEM LEBEN Band 1

Gewinnen Sie Einblick in das bewegte Leben einer Schriftstellerin, deren Bücher die Gesamtauflage von 1 Mio. Exemplaren überschritten haben. In diesem Buch spannt sich der Bogen von Bessarabien, dem heutigen Moldawien, wo die Autorin aufwuchs, über die dramatische Flucht im Krieg bis hin zu einem Neuanfang und schließlich ihrer Eheschließung im Westen Deutschlands. Und wie immer schafft es Lotte Bormuth, dass der Leser intensiv Anteil nehmen kann an dem Geschehen in schwerer Zeit, an den abenteuerlichen und den heiteren Begebenheiten und an den Menschenschicksalen, die ihr auf den Stationen ihres reichen Lebens begegneten.